中的成都

HONG DE CHENGDU

成都时代出版社

图书在版编目（CIP）数据

古书中的成都 / 林赶秋著. -- 成都 ：成都时代出版社，2019.11（2025.10重印）

ISBN 978-7-5464-2521-4

Ⅰ. ①古… Ⅱ. ①林… Ⅲ. ①成都－地方史－古代Ⅳ. ①K297.11

中国版本图书馆CIP数据核字(2019)第234180号

古书中的成都

GUSHU ZHONG DE CHENGDU

林赶秋　著

出 品 人　钟　江
责任编辑　江　黎
责任校对　蒋雪梅
内文设计　原创动力
封面设计　许天琪
责任印制　张　巧　陈淑雨

出版发行　成都时代出版社
电　　话　（028）86742352（编辑部）
　　　　　（028）86763285（图书发行）
印　　刷　河北晔盛亚印刷有限公司
规　　格　140mm × 210mm
印　　张　7.5
字　　数　120千
版　　次　2017年10月第1版
印　　次　2025年10月第4次印刷
书　　号　ISBN 978-7-5464-2521-4
定　　价　48.00元

总序

什么是天府文化？天府文化就是在“天府之国”产生、发展、繁荣的文化，它以成都或者川西平原为中心，从一定程度上讲，也就是成都的文化，就是成都的传统，就是几千年来所形成的成都独特的一种生活方式；它是历史，它是生活，它是日常，它深深地印在了我们的记忆中，它在我们的血液里流淌；它存在于我们看得见或者看不见之处，或者是一种思维习惯，或者是一种行为方式，或者是一种情调，或者是一种看法，或者是一种嗜好，或者是一种特点……

过去研究者把着眼点更多地放到像北京、上海那样在近代发生了剧烈变化的城市，其实我一直认为，成都更能代表中国的城市，因为它地处内陆，包含的中国元素更丰富，保留了更多的传统文化。成都就是一座典型的中国城市，这样一座城市可以代表许许多多类似的中国内陆城市，给我们展示不同于沿海的城市风貌。

成都平原物产丰饶，为成都城市经济的发展提供了保障，也塑造出独特的天府物质文化。天府文化的历史源流，可以追溯到古蜀。都江堰是天府文化的重要源头，培育了天府文化的创新精神，奠定了天府文化的物质基础，发展了川西平原的稻作农业，两千余年间为“天府之国”提供坚实的物质基础，而且还促进了自然与人文、农耕文明与城市文明、原生文化与外来文化的有机结合。

天府文化根植于川西平原，融入了人们的生活方式之中，田园、美食、诗歌、音乐、休闲……川西平原人文积淀非常深厚，孕育了许多优秀人才，包括文学、政治、军事、科技、商业等各个领域，为天府文化注入新的活力，促进了天府文化的蓬勃发展。同时，天府文化又不断与其他文化进行着交融，吸取其他文化的精华，对中国文化做出了自己的独到贡献。

天府文化之所以繁荣，是因为川西平原有环境、气候、物产、交通等得天独厚的条件，我们需要充分了解和珍惜这些因素。在当今世界，凡是建设和发展比较好的城市，几乎都具有传统文化与现代文明有机的、合理的结合，物质经济与精神文化的成长并行不悖。

了解一座城市的昨天，是为了更好地了解这座城市的今天；了解一座城市的今天，是为了建设和打造这座城市更美好的未来。在这座中国历史文化名城，许多历史文化遗址随着时代变迁而遭受毁坏甚至消失，因此，保护天府文化的记忆就变得十分重要。文化是一座城市的独特印记，可展示自己真实、立体、全面的城市形象。

对一座城市的了解，我们可以有许多切入口，可以有许多的角度，以许多的方法运用不同的资料，关注不同的话题。成都时代出版社把过去多年来出版的七十多种关于天府文化的图书，精选了十种作为天府文化城市系列再次印行，这些书涉及天府之国的古代文明、文物考古、文学诗歌、日常生活等，基本上覆盖了天府文化从古代到今天的各方面的内容。

我认为这是一种非常好的思路，为这些书重新受到关注创造了非常好的条件。这套书所提供的关于蜀地文明、天府文化和成都城市的介绍和研究，为我们理解这座城市及其文化非常有帮助，也为研究这座城市做出了非常重要的贡献。这套书的写作中，成都本土学者担任了主要的角色，他们孜孜不倦地收集资料、实地考察、刻苦钻研、辛勤写作，探索和了解这座城市的过去，为我们展示了这座城市丰富多彩的文化和历史，为广大关注天府文化的读者提供了非常珍贵的信息和精神食粮。

王　笛

2021 年 7 月 2 日

目录

先秦卷

蚕丛及鱼凫
开国何茫然

历代蜀王与巴蜀图语

唐代大诗人李白有一首著名的乐府体长诗《蜀道难》，其中这样写道："蚕丛及鱼凫，开国何茫然！尔来四万八千岁，不与秦塞通人烟。西当太白有鸟道，可以横绝峨嵋巅。地崩山摧壮士死，然后天梯石栈方钩连。"[①]这简单、夸张而奇美的几句，艺术地浓缩了古蜀悠久的历史、瑰异的传说与险要的地貌。

与蜀人的"尚五"观念相吻合，整个先秦蜀王的历史，恰巧由蚕丛、柏灌、鱼凫、杜宇、开明五个王朝前后相续而成，五代而终。为蜀开国、率先称王的是蚕丛，紧接着是柏灌王、鱼凫王，此三代史料不详，离唐朝又非常遥远，所以李白有"茫然"之叹。"蚕丛及鱼凫"，就是从第一代到第三代，乃是蜀族发祥、迁徙，逐步挺进成都平原之际，那时相对保守闭塞，少和外界往来，正所谓"不与秦塞通人烟"，"四万八千岁"只是形容其时间很漫长而已，不能看作实数。"西当太白有鸟道，可以横绝峨嵋巅。"暗示的是第四代蜀王杜宇的疆域超前，已抵达太白山（又名太乙山，在今陕西省眉县、太白县一带）、峨眉山一带，这与西晋文学家左思《蜀都赋》的描述基本一致：“抗峨眉之重阻。”顺便说说，抗峨眉之重阻的前一句是“带二江之双流”，今成都双流区便由此而得名。至于“地崩山摧壮士死，然后天梯石栈方钩连”，则为蜀国最后一个王朝——开明王朝的传说。

我国现存最早、最完整的一部地方志《华阳国志》中记载的第一代蜀王名叫“蚕丛”。传说他的眼睛是竖着的，即所谓“纵目”，具体的样子可参看成都博物馆先秦厅那个三星堆“铜人头像”：刀状长眉，杏形立眼，眼睑线下垂。他生前居住在岷江边的“石室”[②]之中，死后殓葬于石质棺椁之内，因此，普通蜀人也效法修造石棺、石椁，后世都说拥有石棺椁的墓是纵目人的坟冢。成都博物馆展览的“茂县牟托一号墓”发现于1992年，是近年来川西北岷江上游发现的规格等级较高的墓葬，墓葬即为石棺，由大石板码砌于墓坑内而成。墓中出土的铜罍及青铜兵器等均带有蜀文化色彩，兴许就是蚕丛一代的遗物。

第二代蜀王名叫“柏灌”，或云其定都于瞿上乡（在今双流区境内）。关于他的具体事迹，《华阳国志》中没有只言片语。但在成都温江区寿安乡长春村，历代相传此处有一座柏灌王墓。墓的附近有一座“八卦山”，据说这“八卦”二字也是“柏灌”的讹音。

第三代蜀王叫作“鱼凫”，或云其治所在导江县（今属都江堰市）。四川话称成都平原为“川西坝子”，坝子上的人们称鱼鹰为“鱼老鸹”，也就是杜甫当年看见夔州（辖境相当今重庆市奉节、云阳、巫山、巫溪等县地）“家家养乌鬼”的“乌鬼”。因为它擅长用嘴在河里抓鱼，样子有点像鸭子，而鸭子又叫凫，所以古人唤作“鱼凫”。成都博物馆展览的两个金沙遗址商周“陶鸟头勺把”[③]正是鱼老鸹头和颈的形象。“鱼凫”很可能就是中国最早的一个把鱼老鸹养家后用来捕鱼的部落，其首领也称“鱼凫”。传说鱼凫王在湔山（在今都江堰市境内）打猎时得道成仙，蜀人修了一座祠堂纪念他。

第四代蜀王名为“杜宇”。他教导人们发展农业生产，人们尊他为“杜主”。杜宇娶了一个云南美女做妃子，随后将国都移到了一个叫“郫”的地方，也就是今天的郫都区。在“瞿上”即今双流区牧马山一带也有宫室，国界远达峨眉山附近，于是他开始称帝，名曰“望帝”。

望帝末年，洪水大暴发，蜀地成了一片泽国。蜀相鳖灵率领人民凿开玉垒山，水患才得以解除。望帝见鳖灵能力很强，便把国家的政务全权委托给他。不久，又效法尧舜禅让，将帝印也传给了鳖灵。相传望帝退隐，回到岷山祖庭，死后其魂魄变成了杜鹃鸟。每年农历二月，听到杜鹃鸟儿啼叫，蜀中百姓就会想起杜宇王，黯然神伤。

鳖灵顺利登上帝位，号曰“丛帝”，从此拉开了开明王朝的序幕。这个“丛”字抑或是对“蚕丛”王的致敬，这个“开明”也许既纪念开山泄洪的伟大业绩，亦对蜀国未来有所期许吧，又或者是对太阳的礼赞——拨开云霾，洒下光明。无论如何，总算不负此一美名，王朝先后传续了整整十二世，并在中后期将国都定在了今成都市区之内。

蜀国传了五代，历程不可谓不长，究竟它有没有自己的文字和礼乐制度呢？答案是肯定的。《华阳国志》记载：开明九世，去帝号，重新称王，并开始建立宗庙，把酒叫作“醴”，把音乐叫作“荆”，喜欢并崇尚红色。从这条史料中可以看出，开明九世时，古蜀国在礼乐制度上进行了改革，建立起一套为巩固国家政权所必需的宗庙祭祀制度。酒与乐，都是宗庙祭礼中的必备品。中原商代就有了名叫“醴”的甜酒，开明九世“以酒曰醴”，表明古蜀地区不甘落后，也能生产醴类美酒。广汉三星堆、彭县青铜器窖藏、新都战国墓等遗址出土了舀酒的陶勺和大量尊、罍等地方色彩浓郁的青铜酒具，都是同时期古蜀酒文化的实物证据。

西汉文学家扬雄撰有《蜀王本纪》传世，其中认为古蜀“不晓文字，未有礼乐”，显然是不符合史实真相的，因为他没有条件看到刻有“巴蜀图语”的出土文物。成都博物馆展览的“巴蜀图语铜勺”是众多相关文物中比较精美的一件，出土于成都市三洞桥，直径8.4厘米，把长7.3厘米，勺面饰有龟、鸟、鱼及另外两种图像。这五个图像中，龟的位置居中且图像最大，最小的图像极似蝌蚪。鸟和鱼分别位于龟的左右两侧上方，另两种图像则在龟的左右两侧、鸟和鱼的下方。这五种图像的大小、比例跟它们所代表的实物并不相符合，说明它们所对应、体现的并非某种动物实体，而是抽象的指称、地位、影响力等，所以称之为“图语”，一种图形文字。该铜勺年代为战国，正当开明王朝时期。由此推测，这个龟或鳖指的可能就是开明一世鳖灵，鸟和鱼大概兼指杜宇和鱼凫，这些图像应是古蜀人图腾崇拜与祖先崇拜相结合的产物。

备注：

① 引自《唐诗三百首》。

② 一说就是今阿坝州茂县那种羌族碉楼。

③ 即“鸟头把勺”之柄，成都十二桥遗址、什邡箭台村遗址、广汉三星堆遗址亦有类似的出土物。

“成都”作为城市名称何时出现

偶然的一次萍水相逢，有时竟会改变整段人生的轨迹，乃至两个国家的历史进程。

周显王在位之某年，开明王朝某一世蜀王在其领地北端的山谷中打猎，与他的敌手秦惠王不期而遇。秦惠王送给蜀王一竹箱金子，蜀王也回赠了一些珍宝器物。回到秦国，这些宝物变成了泥土，惠王非常气愤。群臣却向他道贺，说：“这是上天赐给秦国的礼物啊，大王将得到蜀国的土地！”秦王转怒为喜。他准备攻下蜀国，但是蜀地向来不与秦塞通人烟，一时竟找不到入蜀之路。不过他知道蜀人尚五，又崇拜大石，便令人制作了五头大石牛，每天早上在牛屁股后边放一块金子，对外宣称石牛会屙金屎，称作“牛便金”，并专门派上百人来供养这些石牛。蜀王听说后，兴奋极了，很想据为己有，便派使者到秦国。这正中秦国的下怀，惠王爽快地答应了蜀王的请求。蜀王派五丁去迎接石牛，回到成都后，牛却不拉金子。蜀王大怒，又令五丁将石牛原路送还给秦国，并嘲笑秦人是“东方放牛娃”。殊不知，五丁来回拖运石牛，已拖出了一条秦蜀通道，后称“石牛道”，又叫“金牛道”。秦王奸计得逞，暗自得意，对蜀人的嘲讽只是报以浅浅一笑，说：“我们虽然是放牛的，但一定会得到蜀的土地。”

果然，几十年后，好色张狂的蜀王愈来愈昏庸腐败，不啻如此，他还与紧邻的兄弟国家巴国失和开火。巴蜀攻战之时，正是他人得益之机，公元前316年的秋天，秦大夫张仪、司马错、都尉墨等便率大军从石牛道伐蜀：先从古南郑（汉中）经勉县西南烈金坝，旋即又入宁强东北的五丁峡（又称“金牛峡”），然后再经七盘关、龙门阁和明月峡的古栈道抵达葭萌（今四川广元昭化）。

情急之下，分兵乏术，开明十二世只好亲自率部从成都赶到葭萌，以期挡退秦军，结果惨败。开明十二世逃到武阳（今四川彭山东北），被秦军追上击毙。蜀王的相国、太傅以及太子等一干人马退至逢乡，在白鹿山（位于今四川彭州市境内）全军覆没。秦军长驱直入，乘胜追击，经剑门关、柳池驿、武连驿、梓潼送险亭、五妇冢山（又称“五妇岭”）、石牛铺，一举夺下成都。同年十月，蜀地平定，司马错等顺势攻取了巴国，史称“秦并巴蜀”。此举不仅支持了秦统一六国的战争，也为西南广大地区纳入中央王朝统治创造了条件。

公元前314年，秦惠王封其子通国为蜀侯，以陈壮为相国，又设置巴、蜀二郡，任命张若为第一代蜀郡郡守。为了维持战果、稳定局面，秦国移民一万余户至蜀地。从此，蜀地结束了相对封闭的自我发展时期，成都翻开了新的篇章。

秦惠王二十七年，即公元前311年，郡守张若修建成都城。

城周长12里，城墙高7丈，史称“秦大城”，为蜀侯、蜀相、蜀守的治所。但有资料显示，后来的汉代长安城、唐代西京宫城均高三丈五尺，东京宫城高不过四丈八尺，成都罗城砖墙仅高二丈六尺，相形之下，秦大城显然高得有点离谱了，史书记载的数据保不齐是错误的。

与秦大城同时修筑的还有郫城（位于今成都市郫都区）、临邛城（位于今邛崃市）。三城在东西二百里间，大体成为“品”字形，有鼎足之势，可互为犄角，以镇慑成都西、南两面古蜀王数次建都所在地区，即今郫都区、温江区、双流区、邛崃市、都江堰市及成都市中兴场一带。蜀国虽已灭亡，又有秦民移入，但蜀人仍大量存在，拥有武力者依旧不少，所以筑三城屯兵加以镇慑，就显得势所必然、理所当然了。

张若在城内大肆修建官衙府舍，设立了管理盐、铁、市场的机构和主管官员，修整了居民区，规范了市井街坊，使成都的城市格局与秦国都城咸阳（位于今陕西省咸阳市）看上去并没有什么两样。

那“成都”作为城市名称又是何时出现的呢？

在《尸子》《庄子》《慎子》《吕氏春秋》等传世的战国文献之中，“成都”二字就已一再露面，但都是“成为都市”的意思，并不特指成都这个地方。

“成都”作为地名，较早见于20世纪考古发掘的战国文献之中和战国文物之上。1975年在湖北省云梦县睡虎地秦墓内出土的竹简本《南郡守腾文书》中两次提及了“成都”，该文书作于公元前227年，说明在此之前，成都作为地名就已为众人所知。1985年在四川雅安的荥经县发现的战国晚期船棺葬一号墓内出土了一件铜矛，其上有“成都”二字铭文，但无法确定它的具体年份。1987年在广元市青川县白水区出土了一件战国铜戈，上有“九年相邦吕不韦造……成都”等铭文，因此被称为“吕不韦戈”，其准确年代为公元前238年，是目前“成都”作为地名最早的文字记录。

成都博物馆的简介称：吕不韦戈全长26.5厘米，内部两面都有铭文，一共23个字。跟“成都矛”一样，也已被定为国家一级文物。我们只补充介绍一下吕不韦这个历史人物，他是战国末期著名的商人、政治家、思想家。公元前249年，被秦庄襄王任命为相国，即戈上称的“相邦”。其门下有食客三千人，僮仆上万。百科全书似的《吕氏春秋》就是他主编的，完成于公元前239年，比吕不韦戈刚好早了一年。换而言之，《吕氏春秋》成书的第二年，吕不韦监造了这把戈——秦国兼并巴蜀、驻军成都的“铜证”。

《山海经》里的成都平原

都江堰建成之后，成都平原上的农民种植稻谷不必设车戽水，自有堰水源源而来。诸葛亮《隆中对》所谓“沃野千里，天府之土”，可以毫不夸张地说全是都江堰之水灌溉出来的。“沃者，溉灌也。言其土地皆有灌溉之利，故云沃野。”这“沃野”二字，正是对成都平原最恰切的赞誉。

建堰之前，人们又用什么名字来指称这广袤的平原呢?

“西南黑水之间，有都广之野，后稷葬焉。其城方三百里，盖天地之中，素女所出也。爰有膏菽、膏稻、膏黍、膏稷，百谷自生，冬夏播琴。鸾鸟自歌，凤鸟自儛，灵寿实华，草木所聚。爰有百兽，相群爰处。此草也，冬夏不死。”这段乐园式的生动描述，出自《山海经·海内经》。另一版本写“都广”为“广都”。新都状元杨升庵认为：“黑水广都，今之成都也。”另一位新都籍学者袁珂也称：“衡以地望，庶几近之。”如此说来，“都广之野”或“广都之野”就是成都平原在先秦的代称了。这时候，还没有“成都”这个地名，但已经有了城池，有了农业栽培，各种各样的谷物自然生长，无论冬季夏天，皆可以播种。其中菽、稻、黍、稷这些主食的颗粒尤其饱满而味美，被称为膏菽、膏稻、膏黍、膏稷，均冠一“膏”字，“言味好皆滑如膏”[①]。辽阔的平原之上，鸟兽成群结队，和睦相处。鸾鸟自由自在地歌唱，凤鸟自由自在地舞蹈，长得像竹子的灵寿树按时开花，其他草木也都葱茏茂盛，常绿常青。

而都江堰之水其实就是岷江之水，水中有些什么特别引人瞩目的物产呢？这些物产又有何用途？《山海经·中山经》给出了局部的答案：“其中多良龟，多鼍。”以良形容龟，可见其品种之优良、品质之超群。在古人眼中，龟是通神之物。其甲常被选来作为卜甲，先钻凿，烧灼，然后根据另一面的裂纹卜问吉凶。中原王朝一般选择龟的腹甲，多在其上刻字记录，今称“甲骨文”。而古蜀之金沙遗址发现的卜甲多为背甲，且没有文字。鼍亦称鼍龙、土龙、猪婆龙、母猪龙，实即爬行纲鼍科之扬子鳄。据说鼍之鸣声如鼓声嘭嘭，或许这就是古人要用其皮来张鼓的主要原因吧。这种鼓，在《诗经》中被称为“鼍鼓”。

浪态迤迤的岷江岸边则为连绵起伏的岷山，“其上多金、玉，其下多白珉。其木多梅、棠，其兽多犀、象，多夔牛，其鸟多翰、鷩”（《山海经·中山经》）。“金”是金属矿物的统称，包括金矿、银矿、铜矿、铁矿、铅矿、锡矿，等等。所谓“白珉”，只是“玉”的一种。金沙遗址出土的玉料呈色丰富多彩，大多就来自岷山山区，另有部分可能取自附近河滩。“棠”即辛弃疾《念奴娇·书东流村壁》词“野棠花落，又匆匆、过了清明时节”之野棠，又名棠梨，农历二月开白花，结实如小楝子大，霜后可食，但味酸。

至于犀、象之饶，则一度更是蜀地的象征与骄傲，从《山海经·中山经》到《华阳国志·蜀志》，史不绝书；从扬雄的《蜀都赋》到左思的《蜀都赋》，文不停赞。

话说秦并巴蜀之后，李冰被派到成都当了蜀郡之守，他带领民众，因地制宜，先开凿离堆，穿二江成都之中，再作三石人、五石犀以镇水。在古人眼中，犀牛能用角分水避水。依照顺势巫术的原则，仿照天然犀牛雕造的石犀自然也会产生同样的效力。文化人类学家詹姆斯·G.弗雷泽指出：“如果说一般的石头因其具有重量和坚硬等共性被认为具有一般的巫术效力，那么特殊的石头则以其具有特殊的形状或颜色等特性而被认为具有特殊的巫术效力。”石犀正是这样的“特殊的石头”，它所具有的“特殊的巫术效力”就是镇水防洪。蜀地盛产犀牛，蜀人崇拜大石，李冰结合二者以雕造大石犀五枚，真是一个深孚民意、大得民心之举！

而蜀象之多，也值得重视。三星堆、金沙两处时代相衔接的古蜀遗址内出土了大量的象牙，当时若无大量鲜活的象，哪来这么多象牙呢？目前尚缺乏颠扑不破的证据说明它们系从海外舶来，但早有赫赫醒目的书证能佐证它们就产自蜀地。例如，上引岷山其兽多犀、象，《华阳国志·蜀志》亦云“其宝则有犀、象之饶”，而左思《蜀都赋》“犀象竞驰”一句，最为生动活泼。都江堰建成之前，成都平原常有洪水泛滥，人们苦不堪言，但见犀牛、大象均会戏水而不怕水，以为它们有特异功能，遂崇而拜之。成都天府广场2012年出土的石犀和古蜀遗留下来的象牙一道，无可辩驳地证明了犀象崇拜曾是古蜀国的全民信仰。《周礼·秋官司寇第五·壶涿氏》认为："若欲杀其神，则以牡橭午贯象齿而沉之，则其神死，渊为陵。"牡橭即无姑，是一种乔木，又叫姑榆。先将姑榆木棒中间打孔，再以象牙贯穿之，然后将二者绑好成十字形，沉入水中，便可镇杀兴风作浪造成洪水的精怪。水怪一死，"深谷为陵"（《诗经》语）；换《圣经》的话说，就是"洪水消退"，"山顶都现出来了"。沉象牙以杀水神，跟李冰沉石犀以御水怪，在古代方术家的眼中，是同样的用意，有同样的功效。

要比体量之庞大，当数岷山中的夔牛。东晋著名学者郭璞曾注解道："今蜀山中有大牛，重数千斤，名为夔牛。晋太兴元年，此牛出上庸郡，人弩射杀之，得三十八担肉。"晋之上庸郡在今湖北竹山、竹溪一带，跟重庆巫溪、巫山邻近，三峡中的夔门、夔峡、夔州等都与夔牛有关。不啻此也，郭氏还写过一首四言诗："西南巨牛，出自江岷。体若垂云，肉盈千钧。虽有逸力，难以挥轮。"虽然夔牛力气很大，人们却无法将其驯服用来拉车。此牛又名"犍"，俗称"白袜子"，下腿白色，角粗大，身躯魁伟，分布于四川、湖北、云南等省，现仅存于云南西部，依旧未能家化。

再说翰与鷩。这两种鸟，在《山海经·西山经》里，被记作"白翰、赤鷩"。白翰就是白鹇，又名白雉、翰雉、银雉、银鸡，属于雉科，其实就是一种大型野鸡。雌雄异色：雄鸟上体白色而密布黑纹，长而厚密、状如发丝的蓝黑色羽冠披于头后，脸裸露、赤红色，尾长、白色，两翅亦为白色；雌鸟通体橄榄褐色，羽冠近黑色。它们一般栖息于林下植物稀疏的常绿阔叶林和沟谷雨林，食昆虫、植物茎叶、果实和种子等。据郭璞注“赤鷩，山鸡之属，胸腹洞赤，冠金，皆黄头绿尾中有赤，毛彩鲜明”，赤鷩应该就是红腹锦鸡，又名金鸡，属于中型野鸡。常栖于山坡，杂食。其野外特征极为明显，全身羽毛颜色互相衬托，赤橙黄绿青蓝紫俱全，光彩夺目，是中国特有、驰名世界的观赏鸟类。

建都江堰前的成都平原及其周边生态，大概便是如此，总体呈现出一派森林密布、河渠纵横、动物繁多的景象。在这个绿色天地之中，古蜀先民每日与大自然亲密拥抱，和谐共生。

备注：

① 郭璞语。膏者脂也，即猪油。

成都文化中的《老子》元素

《老子》凡八十一章，共五千余言，乃春秋时期传奇人物、道家一代宗师老子所作。因其书又分为上下两篇，一篇叫《道经》，一篇叫《德经》，所以后人合而称之曰《道德经》。据联合国教科文组织统计，世界文化名著总销量之多，除了《圣经》以外就是《道德经》。而源远流长的成都文化之中，也随处可见此书的因素与影响，现择其荦荦大者，选介如下。

成都地名中的《老子》元素

曾经有权威纸媒根据养眼、美食、便利、休息、人气和商业六大指数，推出“中国商业街排行榜”，被誉为“中西部第一商业街”“中西部第一商家高地”“成都金街”的春熙路进入该榜前三名，仅次于香港铜锣湾、上海南京路，其后是北京王府井、台北西门町、武汉江汉路、广州北京路等。春熙路分南北东西四段，始建于1924年，竣工于1928年。其基地由清代按察使署原址、总府街凤翔银楼及其主人住宅以及基督教青年会操场几部分组成。因由当时的四川省督办杨森提议兴建，最初遂根据他“森威将军”的头衔将其命名为“森威路”。后来人们截取《老子》第二十章里“众人熙熙，如享太牢，如春登台”一句的字眼，改称春熙路，以描述这里熙来攘往的繁华景象。

扬雄《蜀王本纪》记载了这样一个传说：“老子为关令尹喜著《道德经》，临别曰：‘子行道千日后，于成都青羊肆寻吾。’今为青牛观是也。”所谓青牛观指的就是青羊宫，《景印文渊阁四库全书》本《太平寰宇记》卷七二即引“青牛观”为“青羊观”。其靠谱的前身实际为“成都府青羊肆玄中观”（杜光庭《历代崇道记》），始建年不详。唐僖宗中和二年（882）重建，才改号青羊宫，故清末傅崇矩《成都通览》说青羊宫是“唐时古刹也，祀李耳。大殿内有铜羊二，非唐物，乃前明显宦家之薰衣器也。又有讲经台、降生台，均传为李老子故迹”。“李老子”均系老子之别称，而所讲之经，毫无疑问，就是《道德经》。汶川地震前青城山巅老君阁内倒是有偌大一尊老子骑牛像，无形之中让“青牛”一说落了地、生了根。

说到青城山，不得不提常道观。和青羊宫一样，常道观也是道教圣地，也跟《老子》有关。隋代大业年间，名延庆观，唐时截取《老子》第一章“道可道，非常道”一句的字眼，改称常道观。开元年间，常道观一度被佛教占用，改为寺庙，唐玄宗手敕命令归还道士，观中现仍存有李隆基诏书碑《大唐开元神武皇帝敕书碑》。宋时曾称昭庆观，因东汉张道陵曾在此修行，今通称天师洞，而在山门匾额上书“古常道观”四个金字。顺便一提，在我国历史上，皇帝注解《道德经》者有宋徽宗、明太祖、清世祖等几位，但以亲笔注释和立碑[①]两种形式诠解《道德经》的只有唐玄宗一人。

成都民俗中的《老子》元素

花开时节，清明前后，成都各大乡镇上一年一次的“春台会”如期举行。众人春风满面，携妇将雏，摩踵擦肩，熙熙攘攘，别提有多热闹多欢喜了。“春台”一词也是出自《老子》，上引“如春登台”一本作“如登春台”。登春台，春登高台也，今正月初一犹存登高之俗。春台会则是庙会的另一种叫法，基本在中国的各个地方均存在，各地赋予不同的含义，因而产生不同的名称，非止“春台”一名，届时举办各种文艺活动，同步进行商贸，品类之多之齐，颇有“致天下之民，聚天下之货”，“以所有易所无，以所工易所拙”，“交易而退，各得其所”的流风遗韵。

《成都通览》又有清代于农历“二月十五日朝青羊宫李老君”一条，略云：“二月开会，游人众多。二月十五日，俗传为老君生日。四乡妇女于十四日夜到大殿上，男女杂遝，坐守一夜，名曰坐香。现经警察总局禁止，然念佛号敬香者，十五日络绎不绝。李老君本道教，乃愚民念佛朝之，可发一笑。”如此这般，颇为有趣。

成都方言中的《老子》元素

如上所述，成都百姓对老子一人和《老子》一书，可谓极其热爱，有时水乳交融，竟到了日用而不知其出处的地步，最显著的例子就是成都话。

无论男女，不管老少，不分场合，成都人动辄自称“老子”，知情者知道是“我”的意思，不懂的还以为是在占别人便宜。当然，訾骂、威胁、开玩笑的时候用得更多，成都作家巴金的中篇小说《憩园》里便有一句：“你敢动一下，老子不把你打成肉酱不姓赵！”

最绝的要数“恍兮惚兮”一词。老成都李劼人先生在长篇小说《大波》里写道：“我那时尽管有十二岁，因为在乡坝里头长大，遇啥都是恍兮惚兮的，连我们住的地方，连爹爹的名字，全弄不明白。只胡里胡涂晓得我们姓古。”“恍兮惚兮”源出《老子》第二十一章：“道之为物，惟恍惟惚：惚兮恍兮，其中有象；恍兮惚兮，其中有物。”原本是玄之又玄的哲学语言，成都人却借用来形容精神恍惚不定、做事漫不经心的状态。顺带再一提，李劼人惯于拿成都方言创作文学作品，他写对了“恍兮惚兮”，但是没有拈出“胡里胡涂”的原型，据考，《诗经·小雅·雨无正》“弗虑弗图”四字才是其正确的写法。成都话批评某人做事不动脑筋，往往就会脱口而出“弗虑弗图”，真是古雅得可以！

备注：

① 老子故里河南鹿邑县太清宫景区立有“唐开元神武皇帝道德经注碑”。

李冰：一个善于学习传统的明哲君子

战国文献《庄子》记载：庄周“闻诸夫子曰：‘入其俗，从其令。’”不管这个夫子是不是老聃，这个入乡随俗的道理都是正确的。与庄周同生战国之世，李冰不但将此格言落到了实处，“入竟（境）而问禁，入国而问俗，入门而问讳”，还从而行之，因之制宜，最终达到了极好的成效。

李冰入境问俗，首先表现在岷江祭神一事之上。郫县扬雄《蜀王本纪》曰：“李冰以秦时为蜀守，谓汶山为天彭阙，号曰天彭门，云亡者悉过其中，鬼神精灵数见。”崇州常璩《华阳国志·蜀志》亦云：“冰能知天文地理，谓汶山为天彭门；乃至湔氐县，见两山对如阙，因号天彭阙。仿佛若见神，遂从水上立祀三所，祭用三牲、珪、璧沈濆。汉兴，数使使者祭之。”二者虽有先后详略之别，但所述均为同一事件，则毫无疑问。

实际上，这些蜀籍亡者静躺在棺中而深埋于地下，涉江逆流而上的只是他们的魂，具体则表现为“鬼神精灵”或“神”

的形式，被传说，被人们“仿佛若见”。蜀人亡魂经过的“天彭阙”或“天彭门”，其地理位置相当于今阿坝州汶川漩口附近，那里两座山峰耸然对峙，形如门阙，岷江从中穿流而过。“亡者悉过其中”，载体是“载魂之舟”——船棺。因为若无舟船，显然难以渡过滔滔江水。过汶山溯岷江的目的则是：返归故里，与祖先灵魂团聚。这个故里即为古蜀的发祥地、第一代蜀王蚕丛的家乡——岷江上游的川西北高原，其实也就是蜀人心目中的天堂。

按《华阳国志·蜀志》的叙事顺序，李冰是先在岷江上立祀三所，用三牲、珪、璧沈祭之，然后才“壅江作堋”的。这三所祭祀场地配享的当然是三神[①]，其实体也许就表现为“三石人”的形式，但至于具体是哪三个，书缺有间，我们既无从查考，也不必坐实。只需了解，这三神必为蜀人所尊崇，且与治水密切相关，不然李冰绝不会将祭祀他们作为入蜀工作的第一桩大事来大操大办。

为什么推测这三神与治水有关呢？启示就埋伏在下面两句之中：“祭用三牲，珪璧沈濆。汉兴，数使使者祭之。”从先秦至汉时，沈（沉）三牲、珪、璧于濆，皆为“祭川”之礼。由此仪式也可见，李冰祭神，实为祭川，或者说他祭的是川神，亦即东汉李冰故事里的“江神”。历数蜀国亡者，其中“开明”可以称得上是治江之神。开明是继“蚕丛”“柏灌”“鱼凫”“杜宇”之后的第五代蜀王，祖籍“荆”（楚国），名叫“鳖灵”，据说他的尸体从长江中游一带逆流而上，最终抵达异乡蜀国而后复活。赶巧，此时，杜宇统治下的蜀地爆发了类似中原尧舜时期的大洪水。谙习水性的鳖灵于是借鉴大禹治水的成功经验，打通玉垒山脚，疏导汹涌洪水，最终平息了水患，为后来都江堰的修筑尤其是宝瓶口的拓宽打下了基础。此功高不可没，杜宇便将王位禅让给了鳖灵，自己退隐深山之中。鳖灵顺利登极，取了“开明”的王号，蜀地人民则尊称他为“丛帝”。三神中，也许有他一个。而东汉李冰故事里的“江神”，仔细推敲，却只不过是将泛滥成灾的江水神格化而已。

远水远山，新履“蚕丛之境”，下车伊始，李冰便先崇祀蜀神，沉祭蜀川，然后再大刀阔斧“壅江作堋”，这样既易于取得当地民众的认同与支持，也符合先礼后兵的办事逻辑。凡此种种，真不愧为明哲之举！诚如蔡邕《京兆樊惠渠颂》所指出的：“明哲君子，创业农事，因高卑之宜，驱自行之势，以尽水利，而富国饶人，自古有焉。若夫西门起邺，郑国行秦，李冰在蜀，信臣治穰，皆此道也。”所谓“因高卑之宜，驱自行之势”，也包含了《淮南子·原道训》“因水以为师”的意蕴。

李冰在蜀，不但能顺其江山之自然以“作堋”，还借鉴蜀人“竹笼络石”治水古法而“壅江”。

20世纪80年代中期，考古队在成都市区从方池街到附近金河宾馆等遗址的发掘中，发现了年代约在春秋晚期至战国早期的多条卵石埂，显系当时延伸于较大范围的同一大型人工设施系统的遗迹。其中方池街遗址的东、中、西三条有规律地分布的卵石埂，整体形状呈“Z”字形。受发掘面积所限，其中除中埂分别与东西二埂斜向相接而长约26米外，其余二埂均南北延伸颇长而不见其两端。发掘者结合蜀中治水传统及成都抚琴小区商代遗址即已有以竹篾固定、保护器物的出土资料等研究后指出，这些卵石埂均用竹笼络石砌成，是开明氏时期的治水工程遗迹，具体用途则是护堤、分水、支水和滚水，并初步推定其西、中两埂整体上为一倒人字形滚水、支水埂。有学者认为："这种在疏导的基础上更加复杂的水利技术设施，是对大禹以来治水传统的继承，更是富于创造性的发展，从三条石埂的有计划分布，尤其从其护堤、分水、支水和滚水功能分析，已初具后世都江堰内江诸堤功能系统的理念意蕴，应是东周时期蜀地先民熟谙水性后的智慧体现。"而金沙遗址金煜地点发现的两条有笼络痕迹的卵石埂宽约1米，残存数十米长，砌在一条古河道的东侧，其时代更早，约当商至西周。李冰为了防止岷江决口，毁坏堤堰，也采取了竹笼络石的技术。先伐竹破竹，编成直径三尺、长十丈的镂空圆笼，然后在中间填满大小卵石，累积于岸边以壅堵减缓江水的滚滚冲击。后来的王延世塞黄河，卢翊维修都江堰，也沿用此法，颇为奏效。

李冰在蜀，还顺其民俗之自然，"外作石犀五头，以厌水精"。

从官方到民间，蜀地素有崇拜犀牛与大石之俗。《蜀王本纪》载："开明帝下至五代，有开明尚，始去帝号，复称王也。天为蜀王生五丁力士，能徙蜀山。王无，五丁辄立大石，长三丈，重千钧，号曰石牛，千人不能动，万人不能移。……秦惠王时，蜀王不降秦，秦亦无道出于蜀。蜀王从万余人东猎褒谷，卒见秦惠王。秦王以金一笥遗蜀王，蜀王报以礼物。礼物尽化为土，秦王大怒，臣下皆再拜贺曰：'土者，地也，秦当得蜀矣。'《秦惠王本纪》曰：秦惠王欲伐蜀，乃刻五石牛，置金其后。蜀人见之，以为牛能大便金。牛下有养卒，以为此天牛也，能便金。蜀王以为然，即发卒千人，使五丁力士拖牛成道，致三枚于成都。秦道得通，石牛之力也。后遣丞相张仪等随石牛道伐蜀焉。”秦惠王先刻五石牛，李冰后作五石犀，显然都是秦人在顺应蜀人崇拜石牛、制作石牛的传统习俗。前者主要是军事行为，后者主要是巫术行为，但都巧妙地利用了蜀地的大石崇拜和犀牛崇拜。有人或许会问：一个“刻五石牛”，是石牛，一个“作石犀五头”，是石犀，恐怕大有区别吧？我们可以肯定地说不！因为在古代语境中，“石牛”与“石犀”有时完全是可以等而视之、并为一谈的。

综上可见，在著名水利工程（都江堰）设计师兼建造者的既定“人设”之外，李冰首先还是一个尊重当地习俗、善于汲取当地传统文化、因地而制宜、因水以为师的明哲君子，值得今人见贤思齐。

备注：

① 三神指三个亡者。

汉晋卷

扬马激颓波
开流荡无垠

司马相如魂归何处

“史圣”司马迁《史记》第一个为“赋圣”司马相如单独立传，稍晚的班固《汉书》几乎照抄《史记》全文。二者皆称司马相如是“蜀郡成都人”，暮年因“消渴疾”（今曰糖尿病）免官，然后“家居茂陵”。接下来就提到“相如已死”，并未言明他被葬于何地。

据唐《元和郡县志》卷三二记载，司马相如的墓地位于彭州导江县（县址在今都江堰市聚源镇）“东十二里”，《大清一统志》卷二九三“司马相如墓”条却引作“《元和志》：在导江县东二十里”。而宋《太平寰宇记》卷七三则称其墓在永康军导江县“东十里”。清人王培荀（1783—1859）《听雨楼随笔》又说是在“灌县东十二里”，乾隆《灌县志》卷十亦云“在治东十二里”。上引几个数据略有出入，但大致方向却一样。

光绪《增修灌县志》卷二《舆地志·陵墓》“汉中郎将文苑令司马相如墓”条下注引“旧志”云“离县十二里刘海

坝”，算是更明确了一步。距刘海坝不远处有一高出周围地面的大土堆，人称“高墩”，极有可能就是司马相如墓的封土堆。

嘉庆四年（1799），灌县知事徐鼎在聚源乡羊桥村羊子桥边竖立了一块“汉中郎将文苑令司马相如墓道”碑，高1.70米，竖于高0.80米之赑屃背上，连碑帽高丈余。1952年于一水碾下发现半截，今存都江堰市文物局。

同治、光绪年间，居然还有俄国人来导江县巨源（聚源之别名。竹林七贤中的山涛字巨源，相传他当过郫县令。而今之聚源镇大抵曾属山涛宰治过的地方，故取名谐音如此）羊子河（都江堰一支渠，在今都江堰市聚源镇与幸福镇交界处）畔扫墓，自称是司马相如侨居异域的后裔。

民国八年（1919），有邑人拟建相如祠，“已卜地城南，道士有出赀者，嗣因财绌而止，王昌麟撰有记云”（民国《灌县志》卷十八《摭余记》）。

综上所述，司马相如之墓在今都江堰市聚源镇境内应该是没有疑义的。

乘兴来访司马坟

《司马相如魂归何处》一文见报后，引起马万林兄的极大兴趣，遂约我一道去寻访刘海坝和高墩。

在此之前，最有价值的一次探访是在1928年。是岁季秋，灌县文人余定夫一行八人，一时兴起，便同去踏访司马相如之墓。事后，他用诗句及诗间夹注记载了整个过程和所见所闻，曰："玉垒山前羊子河，羊子桥边碑峨峨。行人下马尽低首，司马墓道鬼神诃。昔年驱车尝过是，但知墓道罔知址。宗邦文献尚无征，遑论之宋更之杞。戊辰九月二十辰，风晴日美最宜人。约得竹林七君子（同游七人），乘兴来访司马坟。周道挺挺直东下，土人指点刘海坝。旁行斜上转向西，落日衔山方说驾。夷然道旁一丘土，枯草断蓬谁为主？韩陵片石已无存，宁是当年不封树。牛溲马勃积坟前，踯躅临风意惘然。郁葱佳气今何在？不堪沦落二千年。闻说逊清当末叶，野人掘土得遗碣。俗物无知空谰言，等闲毁弃灭其迹（咸同间，野人掘得遗碑，或谓之曰：是不可存，存则墓近非所有矣，自是碑遂无考）。又闻哲人自远来，馨香布奠芰蒿莱，徐市子孙居海上，饮水思源尚溯洄（同光间，有俄人来扫墓，云是相如后裔侨居异国者）。呜呼！考献征文贤者务，肯将显晦委之数。试看郫筒扬子坟，肃肃秋霜接春露。但得衣冠展拜勤，自然草野仰风声。归途更作重游约，要因司马起人文。”①

真巧了，2017年5月3日也是“风晴日美最宜人”的天气，我和马兄首先来到刘海庙，当地榜其名为“刘海寺”。一问，庙基就是刘海坝，1990年前后地下突然涌泉，乡人纷纷挑取回家，若干日不绝，若干年后方重修今寺。寺中殿宇由钢筋水泥浇筑而成，内外装饰未完，明显是个烂尾工程。

在民主村三组十五、十六大队交界处，村民追忆道：高墩呈斜坡梯形，尚有1米多高，占地七八分，2009年修快铁高架搞拆迁时被铲平。中有“通汉井”，其下有石门，能下人，据说可通往广汉。随后，我俩走近高架下的那片空荒之地，指手画脚，讨论、感慨了一番。

回到市区，马兄确认，《司马相如魂归何处》中“1952年于一水碾下发现半截”之水碾可定为老文家碾。该石碾直径4米左右，据说距高墩庙有500米，20世纪70年代撤除搬至今文家碾，已不存。饭后，我们又偶遇了原十五大队住户杨泽民，现年72岁，精神极为焕发，他回想说：高墩离地2米多高，墩上有高墩庙，前后共三个殿，1951年“破四旧”时被拆毁，大菩萨被打烂，肚子里装满茶叶，舔食之，尚涩口。全庙占地五六亩，有竹林、松树（4围，据说有2000多年）、臭椿（2围）。庙下有“通汉井”，拆后才见。这些数据和说法，当然不可全都采信。抵家后，马兄又来电称“通汉”之“汉”或许应指汉代才对，我深以为然。

世远年湮，曾经的高阡丰碣早已消逝不见，一度盘桓其间的牧童樵叟或老或死，而今专程寻觅，除了荒烟蔓草、荆棘纵横，外加一些道听途说、玄龙门阵之外，就只剩怀古之长叹了。

备注：

① 引自余定夫《蛾术山房诗录》卷一。

前后《蜀都赋》

提到成都的经典作家，有两位不容忘却而且应该大书特书，那就是古人所谓“扬马”或“马扬”，即司马相如与扬雄（前53年—18年）。《史记》《汉书》都称二者是“蜀郡成都人”。所以，老成都城坊之内，既有司马相如宅与琴台，也有扬雄宅与墨池，亦就不足为奇了。元代初年，蜀帅纽璘曾请以文翁石室、扬雄墨池、杜甫草堂皆列于学宫，并拿私财建起了三座书院。话说这杜甫草堂倒与扬雄宅有过一个小瓜葛，颇可以助谈资。凭借友情赞助，经过几个月的费心打造，一座“桤林碍日吟风叶，笼竹和烟滴露梢。暂止飞乌将数子，频来语燕定新巢”的草堂大功告成，迅即引来了周边群众的围观、赞叹，有人甚至把它比作西蜀子云亭，所谓“旁人错比扬雄宅”，这宅又称“草玄堂”，与“草堂”只有一字之差，取义却大相径庭。“玄”指《太玄》，乃扬雄仿《周易》而作之哲学书。我们怀疑，“草堂”之名也许就截取自“草玄堂”的字面，亦未可知。

其实，据《汉书·扬雄传》，他起草《太玄》之地乃是长安，并非成都。然蜀人于成都建草玄堂以资纪念，亦未可厚非。扬雄也对得起这个生养他的故乡，不但写《蜀王本纪》建构了一个史学成都，而且作《蜀都赋》塑造出一个文学成都。该赋可谓是扬雄的代表作，对东汉张衡、东晋左思、晚唐孙樵等人的同题材赋作都有不同程度的影响，尤其是对左思《蜀都赋》。二者一先一后，内容、框架、措辞都多有雷同之处，我们仿照“前后《出师表》”之说，称之为“前后《蜀都赋》”。下面以前者为主，兼及后者，选介一些精彩段落，以飨读者。

成都本系蜀王故都，在汉代又为三蜀（汉初分蜀郡置广汉郡，武帝又分置犍为郡，合称三蜀）之都会，故称“蜀都”。那么，它当时的地理坐标是怎样的呢？扬雄在《蜀都赋》开篇作了精确而文艺的交代：“蜀都之地，古曰梁州。禹治其江，渟皋弥望，郁乎青葱，沃野千里。上稽乾度，则井络储精；下按地纪，则坤宫奠位。”大禹治水成功之后，分天下为九州，分别是：冀州、兖州、青州、徐州、扬州、荆州、豫州、梁州、雍州。成都就在梁州的地盘上，到处都是渟（储水的地方）皋（水边高地），水网密布，植被郁郁葱葱，有“沃野千里”之美誉。沃者，灌溉也。言其土地皆有灌溉之利（比如都江堰所带来的），故云“沃野”。《战国策》中已有“沃野千里”一语，赞美的是秦国，扬雄之赋则挪用来颂扬蜀都（成都平原）。《三国志》内秦宓说“蜀有汶阜之山，江出其腹，帝以会昌，神以建福，故能沃野千里”，诸葛亮说“益州险塞，沃野千里，天府之土，高祖因之以成帝业”，或许皆是沿袭

《蜀都赋》而来。占星家为了用天象变化来占卜人间的吉凶祸福，便将天上星宿与地上区域对应、统一起来，提出“分野”概念，二十八宿南方七宿之首东井（即井宿，因在玉井星之东，故称东井，属于今日之双子座）的分野包括蜀地，所以孙樵又称蜀都之地为“井络之野”。西汉末纬书《河图括地象》扩展“上稽乾度，则井络储精”一句为：“岷山之地，上为井络，帝以会昌，神以建福，上为天井。”言岷山之地其上为东井维络，岷山之精上升为天之井星也。道家认为，山川精气可以上腾变成宇宙列星。这个观念后被晋人普遍接受，例如左思《蜀都赋》“远则岷山之精，上为井络”，又如郭璞《江赋》“岷精垂曜于东井”。五行家又把地理方位跟八卦挂钩，蜀都在西南方，西南于八卦属坤位，此即所谓“坤宫奠位”。若借《华阳国志》的话来表达，井络储精就是“其精灵则井络垂耀”，坤宫奠位就是“其卦值坤”。

至汉武帝元鼎二年（前115），成都城已有十八门，四通而八达。人烟浩穰，道路笔直宽广，可容两车并行。扬雄《蜀都赋》这样表达：“尒乃其都门二九，四百余闾”；左思《蜀都赋》如此描绘：“辟二九之通门，画方轨之广涂。”其实都是一个意思。对蜀都之壮丽、宫城之辉煌，左思的《蜀都赋》比扬雄的有过之而无不及，可谓极尽言辞：“结阳城之延阁，飞观榭乎云中。开高轩以临山，列绮窗而瞰江。……华阙双邈，重门洞开；金铺交映，玉题相辉。外则轨躅八达，里闬对出；比屋连甍，千庑万屋。”一言以蔽，即杜甫《成都府》诗所谓：“曾城填华屋……喧然名都会”。“千庑万屋”，也容易让人想起老杜的名句：“安得广厦千万间。”

成都著名的“蜀锦”“蜀布”、蜀式漆器，也都鱼贯而进入了扬雄的视野和构思，然后经其生花妙笔，定格为这样的段落：“尒乃其人，自造奇锦……发文扬采，转代无穷。”谓蜀锦流通于世间，无有穷已。“其布则……蜘蛛作丝，不可见风。筩中黄润，一端数金。”谓蜀布柔如蛛丝，薄得像禁不住风吹似的，有些一匹可值黄金好几斤。对此，左思的《蜀都赋》是这样表述的：“阛阓之里，伎巧之家，百室离房，机杼相和。贝锦斐成，濯色江波。黄润比筒，籯金所过。”比扬雄的简练得多。蜀锦、蜀布普及开来，才有了“都人士女，袨服靓妆”[①]的美好街景。成都人追时髦，爱漂亮，其风显然由来已久。紧接着“一端数金”，是“雕镂釦器，百伎千工”两句，讲的是蜀式漆器，其详细解释可参看《闻名天下的“成市草”》一文，兹不赘。

古时立春日有迎春祭[②]，农历十二月则举行腊祭[③]，即“送腊”，成都古人当然亦不例外。扬雄的《蜀都赋》记载：“尒乃其俗，迎春送腊。百金之家，千金之公，干池泄澳，观鱼于江。”冬去春来，成都全民都会迎春送腊，其中的那些百金之家、千金之公，更是财大气粗，要么干池[④]泄澳[⑤]，涸泽而渔，要么泛舟江上，观赏鱼跃。不啻此也，他们还有其他“吉日嘉会”可以饮酒作乐：“置酒乎荥川之闲宅，设坐乎华都之高堂。”[⑥]于水边闲宅、豪华高堂设坐置酒，这是在室内联欢。“延帷扬幕，接帐连冈”，则是在户外野餐。具体说来，这是一种用于围隔空间的“步障”，其具体形象见于山东沂南古画像石墓的一块东汉画像石，系于地面立柱，在柱头牵拉绳索，下挂帷幔而成。步障在庭院、郊野均可使用，既能挡风遮尘保护隐私，搭建、串联⑦、拆卸也比较方便，至魏晋南北朝时颇为流行。当代著名学者孙机先生曾溯其渊源，认为“东汉时已经有了”。我们今天读了扬雄的《蜀都赋》，可知此种设施西汉时已经有了。

备注：

① 左思《蜀都赋》。柳永词“雅俗多游赏，轻裘俊、靓妆艳冶”本此。

②《后汉书》：“立春之日，迎春于东郊，祭青帝句芒”。

③《说文解字》：“冬至后三戌，腊祭百神”。

④ 淘干池塘。

⑤ 泄出澳湾之水。

⑥ 左思《蜀都赋》中与此近似的句子是：“若其旧俗，终冬始春，吉日良辰，置酒高堂，以御嘉宾。”

⑦ 接帐连冈并非夸张，《晋书》“崇与贵戚王恺、羊琇之徒以奢靡相尚：恺作紫丝步障四十里，崇作锦步障五十里以敌之”。

《华阳国志》里的成都

一、石笋之外，成都还有石镜

成都崇州市中心有个绿荫覆盖的广场，名叫“常璩广场”。广场上屹立着的那座执笔古人的铜像，便是常璩（约291—361）。其基座所嵌铭牌有这样的介绍：“东晋史学家常璩，字道将，蜀郡江原县小亭乡（今崇州市三江镇）人。成汉政权时期，曾任散骑常侍，侍从皇帝，掌理文书，参与要政决策。归晋后，入秘阁，掌著作。所著《华阳国志》为我国西南地区古史，对巴蜀史事记述尤详，是我国现存最早的一部地方史志专著，被中外史学界称作‘中国地方志的初祖’，誉为‘中国古代文化遗产的精华之一’。”此外，还可补说一二。东晋穆帝永和三年（347），桓温[①]伐蜀，常璩劝李势[②]降晋，后任桓温参军，从成都到了建康（今南京）。然而并不怎么得志，还受到了东晋士族的歧视、轻藐，于是乃全力修史，编撰有《华阳国志》《梁益二州地志》《巴汉志》《蜀汉书》等书，颇有司马迁前辈发愤写《史记》的遗风流韵。

《华阳国志》又称《华阳国记》或《华阳记》，考虑到历史上并无“华阳国”的建置，叫《华阳记》更为名实相符。但约定俗成，下面仍称《华阳国志》。《尚书·禹贡》云：“华阳、黑水惟梁州。”《华阳国志》所记核心区域属《禹贡》“九州”之梁州，它东至华山之阳[③]，西极黑水之滨，故常璩取“华阳”二字冠诸书名之首。若依现代版图范围而论，此书实际上记载了公元四世纪中叶以前今重庆、四川、云南、贵州一市三省以及甘肃、陕西、湖北部分地区的历史、地理。狭义的“华阳”则指蜀地，《华阳国志》卷三指出：蜀之为国，“地称天府，原曰华阳。”在常氏的潜意识里，是颇以身为蜀人而自傲的，“华阳国”也许即是他对蜀国的独特美称，亦未可知。

在《华阳国志》之前，各地方志被著录的已达百余种，光巴蜀地区就有二十多部，其中有《蜀本纪》《本蜀论》《蜀后志》等述历史；有《三巴记》《梁州巴记》等述地理；有《巴蜀耆旧传》《汉中耆旧传》《益部耆旧传》等述人物。而综述历史、地理、人物三方面，以开后世方志体例的，非《华阳国志》一书莫属，所以地方志初祖之誉，并非浪得虚名。

《华阳国志》能傲立于方志之林，主要在于它有多方面的史料价值。“巴志”“汉中志”“蜀志”“南中志”等前四卷是全书的精华，对成都历史、地理、人物的记叙就蕴藏其间，等待着我们的发掘与整理。

《蜀志》开篇总说蜀地情况，曰：“其宝则有璧玉、金、银、珠、碧、铜、铁、铅、锡、赭、垩、锦、绣、罽、氂、犀、象、毡、眊、丹、黄、空青、桑、漆、麻、纻之饶，滇、獠、賨、僰僮仆六百之富。其卦值坤，故多斑采文章。其辰值未，故尚滋味。德在少昊，故好辛香。星应舆鬼，故君子精敏，小人鬼黠。与秦同分，故多悍勇。在《诗》，文王之化，被乎江汉之域，秦豳同咏，故有夏声也。其山林泽渔，园囿瓜果，四节代熟，靡不有焉。”成都作为蜀之大都会，自然也多而不少地带有这些特征。玉、金、犀、象等丰富物产，金沙遗址均有出土。邛崃卓氏，冶铁致富，倾滇、蜀之民，富至僮仆千人，成都就是他们最大的资本市场。成都文人多，故多文章。成都吃货更多，胃口也重，普遍尚滋味、好辛香。市民精敏鬼黠，兵士彪悍勇猛。“与秦同分”即张华《博物志》“蜀汉之土与秦同域”之意，蜀、秦两地之分野同属东井、舆鬼。成都周边的山林湖泊园囿之中，四季都有各种鲜活的虫鱼瓜果，取之无禁，用之不竭。

《蜀志》单述成都，是从都江堰境内的湔山开始的：“鱼凫王田于湔山，忽得仙道，蜀人思之，为立祠。”据说，蜀王鱼凫的王府就在今都江堰市。他有一次到湔山（一说即今之玉垒山）打猎，忽然得道升仙了，其实就是死了。蜀人思念他，便在湔山上修了一座祠庙长久祭祀之。

鱼凫之后，有王曰杜宇，“移治郫邑，或治瞿上。”郫邑即今郫都区，瞿上即今双流区，都曾是杜宇的辖区。在他的统治后期，突发水灾，“其相开明决玉垒山，以除水害。”《华阳国志》的这句记载，证明在秦人李冰修堰之前，蜀人内部就有过壮伟的治水活动。水灾一过，杜宇“遂委以政事，法尧舜禅授之义”，让位于开明，自己则“升西山隐焉”。这个西山，极有可能就是现在的青城山。

“开明立，号曰丛帝。”其子孙八代皆定都于郫[4]，第九世才去帝号而称王，并首次迁都到了成都。当时“有五丁力士，能移山，举万钧。每王薨，辄立大石，长三丈，重千钧，为墓志，今石笋是也，号曰笋里”。唐时，石笋一南一北，蹲踞于成都西门之外，北笋长一丈六尺、围九尺五寸，南笋长一丈三尺、围一丈二尺，可说是相当巨大。到了南宋，石笋已断裂。后来，就彻底遗失不存了。

石笋之外，成都还有石镜。《华阳国志·蜀志》载：“武都有一丈夫，化为女子，美而艳，盖山精也。蜀王纳为妃。不习水土，欲去。王必留之，乃为《东平之歌》以乐之。无几，物故。蜀王哀念之，乃遣五丁之武都担土，为妃作冢，盖地数亩，高七丈，上有石镜，今成都北角武担是也。后，王悲悼，更作《臾邪歌》《陇归之曲》。其亲埋作冢者，皆立方石以志其墓。成都县内有一方折石，围可六尺，长三丈许。去城北六十里曰毗桥，亦有一折石，亦如之，长老传言：五丁士担土担也。公孙述时，武担石折。故治中从事任文公叹曰：‘噫！西方智士死。吾其应之。’岁中卒。”好一个多情的蜀王！好一段传奇的石头记！

故事的另一版本则讲，武都有人知道蜀王好色，就主动献上了自己的美妻，并不是什么山精人妖。古蜀城邑多名“某都”，如成都、新都、广都。武都大概也是邑名，在今绵竹，并非甘肃之武都。唐人王勃撰有《益州绵竹县武都山净惠寺碑》，其文末之铭曰：“武都仙镇，灵墟奥域，邑动香城，山开净国。”指的就是这个武都。

武担一度乃成都“名山”，因其上曾有一巨型石镜，故又名“石镜山”。现位于江汉路成都军区大院内，不对公众开放，但可从两侧道路眺望。正如《蜀志》所示来历，它并不是一座山，而是一个小土丘，且土质与成都平原有所不同。今山体略呈马蹄形，西高东低，高约20米，宽40米，长100余米，占地面积680平方米。如今武担山上，石镜早已不知所踪，只有一亭掩映在树丛中，系民国时所建。东边有塔，六角七级，连同山体约合十层楼高，在20世纪80年代前是成都市最高的建筑物，乃清时修造，现为成都市文物保护单位。

二、秦并巴蜀，成都跨入新时代

史学家司马迁的八世祖名叫司马错，是秦国名将，在惠文王、武王、昭襄王三朝带兵达三四十年之久。司马错曾和秦大夫张仪、都尉墨等从“石牛道”[⑤]伐蜀，蜀灭之后，便长期镇守蜀地。

秦为什么要伐蜀呢？《华阳国志·蜀志》所记司马错的理由如下：“蜀有桀、纣之乱，其国富饶，得其布帛金银，足给军用。水通于楚，有巴之劲卒，浮大舶船以东向楚，楚地可得。得蜀则得楚，楚亡则天下并矣。”这段话的另一版本见《战国策·秦策一》：“夫蜀，西僻之国也，而戎狄之长也，而有桀、纣之乱。以秦攻之，譬如使豺狼逐群羊也。取其地，足以广国也；得其财，足以富民缮兵。”司马错对蜀国国情可谓了若指掌。

桀、纣之乱，代指蜀国内乱。事情大致是这样的：“蜀王别封弟葭萌于汉中，号苴侯，命其邑曰葭萌焉。苴侯与巴王为好，巴与蜀仇，故蜀王怒，伐苴侯。苴侯奔巴，求救于秦。”秦便顺水推舟，趁火打劫，先联合巴国劲旅平定蜀地，再反戈夺取苴与巴，最后率领巴蜀十万大军，开着一长串大舶船（每船载五十人与三月之粮）从岷山连舻循江而下，一举攻入楚国。

关于秦并巴蜀这一转折成都历史的重大史实，《蜀志》却记得要言不烦："周慎王五年秋，秦大夫张仪、司马错、都尉墨等从石牛道伐蜀。蜀王自于葭萌拒之，败绩。王遁走，至武阳，为秦军所害。其相、傅及太子退至逢乡，死于白鹿山，开明氏遂亡，凡王蜀十二世。冬十月，蜀平，司马错等因取苴与巴。”这里有几处地名，需要疏解一下。葭萌，古关名，位于今广元市昭化区昭化镇。眉山市彭山区，古称武阳。逢乡，白鹿山，都在今彭州市境内。还须补充说明一点，开明王朝虽然亡国了，但并没灭种，一部分人马逃到了云南，另一部分则逃到了越南。

周慎王五年，即秦惠文王后元九年，亦即公元前316年，漫长的蜀王时代宣告结束，成都随之进入了新时代。

首先，是新的领导人被任命。"周赧王元年，秦惠王封子通国为蜀侯，以陈壮为相。"这一年是公元前314年。

其次，是进行新的行政区划。"置巴、蜀郡，以张若为蜀守。"既置侯、相，又置守，说明当时秦对蜀的统治方式还是分封制与郡县制并用。

为了维持稳定，还得输入新的常住人口。"戎伯尚强，乃移秦民万家实之。"于是，成都不再只是蜀语的天下，秦语也逐渐普及开来。左思《蜀都赋》刘逵注所谓“蜀人始通中国，言语颇与华同”，即指此而言。据说，在此之前，蜀人“不晓文字，未有礼乐”。这是扬雄《蜀王本纪》里的看法。其实蜀人自有一套文字和礼乐，考古发现的“巴蜀图语”与金沙石磬，即是其明证。如果说蜀人不晓中原文字，不用中原礼乐，倒还跟事实出入不大。

新的城市建设也接着展开。“赧王四年，惠王二十七年，仪与若城成都，周回十二里，高七丈；郫城周回七里，高六丈；临邛城周回六里，高五丈。造作下仓，上皆有屋，而置观楼射兰。成都县本治赤里街，若徙置少城内。营广府舍，置盐、铁、市官并长丞；修整里阓，市张列肆，与咸阳同制。其筑城取土，去城十里，因以养鱼，今万岁池是也。城北又有龙坝池，城东有千秋池，城西有柳池，西北有天井池，津流径通，冬夏不竭，其园囿因之。平阳山亦有池泽，蜀之渔畋之地也。”《华阳国志·蜀志》的这段有关成都城史的记录非常关键，下面来详细解说一番。

据司马迁《史记》可知，秦惠王二十七年，张仪在燕国说服燕王臣事秦国。随后，惠王卒，秦武王立。武王不悦张仪，仪惧而去了魏国。武王元年（前310），张仪死在了魏国。[⑥]所以，主持修筑成都城的应为张若。后世传说的“张仪城”和“龟化城”，都是附会。张仪名气大，又伐过蜀，所以产生了这些八卦故事。常璩疏于察考，遂将之采入了书中。

张若修的成都城，史称“秦城”，由太城、少城两部分组成。太城与少城外廓的总长度为十二里，此之谓“周回十二里”。据考，太城南城墙在今文庙后街，北墙约在西玉龙街之南，东墙约在盐市口一带。少城西南壁在今通惠门之东、下同仁路口附近，北墙大致在今红光东路以南。少城毁于东晋，太城毁于宋末。

秦城真就“高七丈”吗？恐怕未必。后来的汉代长安城、唐代西京宫城均高三丈五尺，东京宫城高不过四丈八尺，成都罗城砖墙仅高二丈六尺，相形之下，秦城显然高得有点离谱了，《华阳国志·蜀志》记载的数据保不齐是错误的。

张若在秦城东郭外地下修有一系列空粮仓[7]，仓上面又修有房间[8]、观楼[9]和射栏[10]。这些都是必要的国防设施。

成都政府所在地本来位于赤里街（在太城南门内），张若将其移到了少城内，这样更为安全。又在城内大肆修建官衙府舍，设立了管理盐、铁、市场的机构和主管官员，盐官、铁官主收盐、铁税，市官负责管理市场，兼收商业税。由此可见，秦统一蜀地后，很重视本土经济、商业的繁荣发展[11]。张若还修整了居民区，规范了市井街坊，使成都的城市格局与秦国都城咸阳（位于今陕西省咸阳市）看上去一模一样。有趣的是，当时成都的北门就叫“咸阳门”。

因为取土筑城，在城外十里的地方挖了一个大坑，张若就在里面养殖鱼类，后称“万岁池”是也。除此之外，城北又有“龙坝池”，城东有“千秋池”，城西有“柳池”，西北有“天井池”。这些池塘之间均有水渠连通，冬夏水流不竭，池旁又建有园囿，可以栽培树木等。此外，新都区的平阳山亦有池泽，原是蜀王钓鱼打猎之地。如此这般，循环反复，产业链就形成了，经济与生态皆可持续发展。

三、成都北门原名“咸阳门”

咸阳，位于八百里秦川腹地，渭水穿南，嵕山亘北，山水俱阳，故称咸阳。公元前350年（周显王十九年），秦建都于咸阳。而远在川西平原上的成都“秦城”，其北门也叫“咸阳门”，这到底是怎么一回事呢?

《华阳国志·蜀志》载：周“赧王十四年，蜀侯恽祭山川，献馈于秦昭襄王。恽后母害其宠，加毒以进王。王将尝之，后母曰：‘馈从二千里来，当试之。’王与近臣，近臣即毙。王大怒，遣司马错赐恽剑，使自裁。恽惧，夫妇自杀。秦诛其臣郎中令婴等二十七人。蜀人葬恽郭外。十五年，王封其子绾为蜀侯。十七年，闻恽无罪冤死，使使迎丧入葬之郭内。初则炎旱三月，后又霖雨七月，车溺不得行。丧车至城北门，忽陷入地中。蜀人因名北门曰咸阳门，为蜀侯恽立祠。其神有灵，能兴云致雨，水旱祷之。”咸阳门之得名，竟然跟一桩冤案有关。

公元前301年，蜀侯恽[12]在成都祭完山川后，将祭品运献给咸阳的秦昭襄王。恽的后妈昭襄王母宣太后害怕他得宠，遂将毒药加在祭品里进献。昭襄王正打算吃祭品的时候，恽的后母说：“这些东西从二千里之外运来，恐怕不太安全，应当先让人尝一尝。”昭襄王于是让近臣吃，结果近臣当场毙了命。昭襄王大怒，派遣司马错赐剑于恽，令其自裁。恽很害怕，遂和妻子一道闻风而自杀了。事情到此并未了结，昭襄王又杀了恽的郎中令[13]婴等蜀侯臣子共二十七人。嗣后，成都人民自发把恽埋在了秦城郭外。公元前300年，秦昭襄王封其子绾为继任蜀侯。公元前298年，他听说恽是无罪冤死的，便派专使准备将其迁葬到咸阳[14]。不料苍天先大旱了三个月，接着又下了七个月的大雨，以致灵车刚驶至成都北门，就突然深深陷进了土中，看来恽是不愿离开蜀地了。蜀人因此把成都北门叫作咸阳门，并为蜀侯恽修立了纪念祠堂。传说其神有灵，能兴云致雨，每逢水旱灾难，蜀人均会进蜀侯祠祷告。

公元前285年，即周赧王“三十年，疑蜀侯绾反，王复诛之。但置蜀守。”这个王是秦昭襄王。绾被诛后，蜀地就取消了“蜀侯”之职，只置蜀守一名。从此，成都便由蜀侯蜀守并治时代正式转型为单纯的蜀守时代。

之后，最为关键的蜀守李冰就登上了历史舞台。《华阳国志·蜀志》曾这样浓墨重彩地描写这位成都的大恩人：“冰能知天文地理，谓汶山为天彭门；乃至湔氐县，见两山对如阙，因号天彭阙。仿佛若见神，遂从水上立祀三所，祭用三牲、珪璧沈濆。汉兴，数使使者祭之。冰乃壅江作堋，穿郫江、捡江，别支流双过郡下，以行舟船。岷山多梓、柏、大竹，颓随水流，坐致材木，功省用饶；又溉灌三郡，开稻田。于是蜀沃野千里，号为‘陆海’。旱则引水浸润，雨则杜塞水门，故记曰：‘水旱从人，不知饥馑，时无荒年，天下谓之天府也。’外作石犀五头以厌水精；穿石犀溪于江南，命曰犀牛里。后转置犀牛二头：一在府市市桥门，今所谓石牛门是也；一在渊中。乃自湔堰上分穿羊摩江，灌江西。于玉女房下白沙邮作三石人，立三水中，与江神要：‘水竭不至足，盛不没肩。’”

在湔氐县（又称湔县，今属都江堰市）境内壅江作堋[15]之前，李冰在岷江上有“见神”之事，最早载于郫县扬雄《蜀王本纪》。其文曰："李冰以秦时为蜀守，谓汶山为天彭阙，号曰天彭门，云亡者悉过其中，鬼神精灵数见。"却没有"遂从水上立祀三所，祭用三牲、珪璧沈沉"一节。据"汉兴，数使使者祭之"、《史记·封禅书》"渎山，蜀之汶山。……江水，祠蜀。亦春秋泮涸祷塞，如东方名山川，而牲牛犊牢具珪币各异"与《汉旧仪》"祭四渎用三正牲、沈圭"云云，可知李冰未治江水，先祀江神。他在都江堰上游建立了三所江神祠，并用牛、羊、猪和珪、璧沈祭之，可谓郑重其事，而汉代延续了这套旧仪。沈祭，就是甲骨卜辞"求年于河，尞三牢，沉三牛"之"沉"。考究其字形，"沉"正是把牛或羊沉入川中的象形。"沉"，又写作"沈"。《仪礼》云："祭川，沈。"沈乃是祭祀川泽之礼，今"都江堰清明放水节"依然在沿用。前面提及"蜀侯恽祭山川，献馈于秦昭襄王"，应该也用的是牛、羊、猪之类。

都江堰初步成形之后，主要有三个功能：一是以行舟船。司马错开着"大舶船万艘"，载着"米六百万斛"从都江堰连舻循江而下，一举攻入楚国。二是坐致材木。通过都江堰将岷山木材水运到成都，这一运可不得了，一直运到了20世纪末。三是灌溉稻田。让千里平原水旱从人，不知饥馑，时无荒年。

堋堰之外，还有两大附属工程：一为五头大石犀，二为三尊大石人。它们都是为了同一个目的而雕凿的，即南朝梁国广汉人李膺《益州记》都江堰"有三石人、五石犀以厌水"之"厌水"。所谓厌水，主要是一种"厌胜法"。厌，镇也。"厌胜"意即"厌而胜之"，系用法术诅咒或祈祷以达到镇压制胜所厌恶的人、物或魔怪的目的。

大石犀立于堰旁，是希望它们能如真的犀牛一样辟水分水；大石人立于江中，是希望它们能“镇水万世”。1974年3月3日，在都江堰外江三号桥基河床下挖出了建宁元年李冰石像一座，高近3米，其袍袖上有“造三神石人镇水万世焉”等隶书字样[16]。这“三神石人”虽是东汉人仿李冰“三石人”而造，但其目的肯定与之是一致的，亦即镇水。落到实处，石人又有“水则”的功能，可以监测岷江的水位高低和水量大小，跟刻记长江枯水位的“涪陵石鱼”的用途大同小异。“与江神要”即佚名《蜀记》“刻字为约”的意思，是神话式的表达。“水竭不至足，盛不没肩”乃刻在石人身上的铭文，大致是讲：江水枯竭时不可露出石人的脚，江水上涨时不可没过石人的肩。

这刻有九字铭文的石人，能被常璩亲眼看见吗？我觉得，不能！为什么？因为在东汉建宁元年（168）之前，这三尊石人就已经不见了，所以才新造三神石人代替。他所依据的应该是一些比较靠谱的历史档案，如上引“故记”[17]之类。《蜀志》里牵涉到李冰的这些段落很多都来自《华阳国志》之前的古书，譬如《蜀王本纪》；又如“沃野千里”“陆海”“天府”诸词，也都源出《战国策》《汉书》等古书。

四、说不完的李冰故事

东汉时期，民间流传着李冰变成牛下河斗杀江神的故事。故事里的李冰决绝而勇敢，为故事外的蜀人所普遍钦慕，他们爱屋及乌，便把现实中凡是壮健的人都称之为“冰儿”。此时的官方呢？不但为李冰雕造了大于真人的巨型偶像，还将其列入“三神石人”之中，立于滚滚岷江之畔。如此种种显示，李冰在东汉已从能知天文地理的“人”升级为能斗牛鬼水精的“神”，可见蜀民对其感恩之深之重。李冰对成都、对四川的贡献实在是又大又多，《史记·河渠书》、扬雄《蜀王本纪》《蜀都赋》《汉书·沟洫志》记载得都太过简略，《华阳国志·蜀志》后出而转精，让千载以下的我们足不出户，就可通过常璩的精彩史笔一窥其万千风采。

李冰借鉴古蜀人的治水经验（详参《竹笼络石，竹筒盛肉》一文），因地制宜，壅江垒堋凿离堆，立石犀石人，才有了“利泽施于万世”的都江堰。此外，尚有诸多利民举措，也出自李冰的决策。但一般读者很容易被都江堰吸引目光，而不及其他，下面请容许我们依序娓娓道来。

在“外作石犀五头以厌水精”一句之后，《华阳国志·蜀志》曰：李冰“穿石犀溪于江南，命曰犀牛里。后转置犀牛二头：一在府市市桥门，今所谓石牛门是也；一在渊中。”交代了石犀五头中两头的下落。南朝梁李膺《益州记》说成都“少城有九门，南面三门，最东曰阳城，次西门曰宣明门”。最西的是“石牛门”，即“市桥门”。市桥门正对着“市桥”，桥下有渊，叫“石犀渊”。“石犀渊”跟“犀牛里”大致都在今成都西胜街一带。1913年在西胜街西侧同仁路处掘出一石犀，与原在石犀寺（今成都市第二十八中学）内者东西并列，或许就是“一在府市市桥门，一在渊中”的那二头。“石犀溪”的北口则从市桥下不远处分出郫江水，向南经过方池街、南较场新石牛寺附近，偏东入检江。

“水竭不至足，盛不没肩”一句以上事迹均发生在都江堰境内，或与都江堰工程直接相关，值得特别注意。接下来，《华阳国志·蜀志》记载了李冰在四川其他各地的所作所为："时青衣有沫水出蒙山下，伏行地中，会江南安，触山胁溷崖，水脉漂疾，破害舟船，历代患之。冰发卒凿平溷崖，通正水道。或曰：冰凿崖时，水神怒，冰乃操刀入水中与神斗，迄今蒙福。僰道有故蜀王兵兰，亦有神作大滩江中。其崖崭峻不可凿，乃积薪烧之，故其处悬崖有赤白五色。冰又通笮道文井江，径临邛，与蒙溪分水白木江会武阳天社山下，合江。又导洛通山洛水，或出瀑口，经什邡，与郫别江会新都大渡。又有绵水，出紫岩山，经绵竹入洛，东流过资中，会江江阳。皆溉灌稻田，膏润稼穑。是以蜀川人称郫、繁曰'膏腴'，绵、洛为'浸沃'也。又识察水脉，穿广都盐井、诸陂池，蜀于是盛有养生之饶焉。……州治太城，郡治少城。西南两江有七桥：直西门郫江中曰冲治桥；西南石牛门曰市桥，下，石犀所潜渊也；城南曰江桥；南渡流曰万里桥；西上曰夷里桥，亦曰笮桥；从冲治桥西北折曰长升桥；郫江上西有永平桥。长老传言：李冰造七桥，上应七星。"

李冰率领士卒凿平南安溷崖，才有了今天乐山市的乌尤山。此山旧时也称"离堆"，有学者遂认为《史记》《汉书》所谓李冰凿离堆即在此处，而非今都江堰之宝瓶口。1955年4月，郭沫若来都江堰参观游览，经过反复勘察、反复论证，最后写下了这样一段话："李冰掘离堆，凿盐井，不仅嘉惠蜀人，实为中国二千数百年前卓越之工程技术专家。离堆所在，或以为乃嘉州乌尤山。余嘉州人也，今至此观宝瓶口犹余斧凿痕，谓在嘉州者乃妄说耳。"其实，宋人王象之（1163—

1230）早就讲过："今嘉州之离堆，乃天然孤立"，而都江堰之离堆，"乃秦太守凿山为二，中为大渠，引水灌成都，以通堰水"（《舆地纪胜》卷一四六）。

"其崖崭峻不可凿，乃积薪烧之"。虽不在都江堰，却可以补充"凿离堆"的细节：利用热胀冷缩的原理，先积薪烧崖，然后泼水其上，山石炸裂，再用金属工具开凿。具体说来，使用铁制工具的可能性最大。春秋中期，已经能冶炼出液态的铸铁，陕西凤翔三畤原秦景公墓中曾挖出铁器20多件，有铲、锸、环、削等物，多数系铸铁制成。及至战国时期，已普遍使用铁制工具。李冰当年凿离堆，应该也离不开较多的铁制工具。

"笮道"与上文"僰道"一样，也是地名。宜宾赤若山一带为僰人所居，故名"僰道"；文井江源头一带为笮人所居，故名"笮道"。

蜀人称郫、繁两县为"膏腴"之地，称绵、洛两县为"浸沃"之地，都离不开李冰在各处的导江治水。所谓"膏腴""浸沃"，简而言之，亦可视为肥沃或沃野的同义词。

李冰还勘察流水的脉向，在广都（今成都双流区）开凿盐井，修建盐池。盐为万味之祖，食用、药用皆可。从此开始，蜀地有了"养生之地"的盛名。

常璩指出，成都老人中有"李冰造七桥，上应七星"的传说。这七座桥分别是：少城正西门边筑在郫江上的"冲治桥"；少城西南方石牛门外的"市桥"；太城南门外的"江桥"；自江桥而南渡检江，有"万里桥"（其故址即今老南门大桥）；从万里桥溯检江西行，可见"夷里桥"，又名"笮桥”；从冲治桥西北方向行走，有“长升桥”（按地势，当在今老西门外）；在长升桥的西北（郫江的西边上），有“永平桥”（大约在今通锦桥以西一带）。总而称之，就叫“七星桥”。江桥、万里桥、市桥、夷里桥略成长方形，像北斗七星的斗杓，冲治桥、长升桥、永平桥大体连成一线，自市桥西北斜出，似北斗七星的斗柄，所以说是“上应七星”。后来，汉光武帝刘秀对西征公孙述的大将吴汉强调说“安军宜在七星间”，指的就是这七座桥。如此看来，刘秀跟李冰倒有得一拼，也是个“能知天文地理”的角色。

除了七星桥，《华阳国志·蜀志》还提到了成都其他的桥：“城北十里有升仙桥，有送客观。司马相如初入长安，题其门曰：‘不乘赤车驷马，不过汝下’也。于是江上多作桥，故蜀立里，多以桥为名。”今天成都城北的驷马桥（唐宋之际名“清远桥”）不过是借用了司马相如的誓言[18]而已，当年的升仙桥早已灰飞烟灭，只能在出土汉砖上的画像中得其仿佛。里是古代居民区的一种编制和区划，在乡之下。蜀里多以桥为名，如“夷里”即是。

五、文翁建校，令蜀学媲美齐鲁

在成都地区治水抗洪的古代英雄，李冰之前有蜀王鳖灵，李冰之后有蜀守文翁。他们三位都不是蜀人，却一脉相承，殚精竭虑，均为蜀地造福，千秋万世，惠民不止。民国灌县征收局局长陈耀升曾有联语云：“六字炳千秋，十四县民命食天，尽是此公赐予；万流归一汇，八百里青城沃野，都从太守得来。”这揄扬的虽是李冰，但文翁照样可以当之无愧。

1．穿湔江口，文翁之功

《华阳国志·蜀志》载：西汉“孝文帝末年，以庐江文翁为蜀守，穿湔江口，溉灌繁田千七百顷”说的就是文翁治水。其时代应该是“景帝末”（《汉书·循吏传》）或“景、武间”（《汉书·地理志》），“孝文帝末年”显系常璩的误记。文党，字仲翁，庐江郡舒县（今安徽省合肥市庐江县）人，所以称他为“庐江文翁”，“江左风流美丈夫”周瑜是他的后辈老乡。

对文翁“穿湔江口”，可谓众口一词，毫无疑义。但是，对河流的起止走向却有不同的解释。第一种意见认为：穿湔江口指开蒲阳河；今都江堰市蒲阳镇会元桥头《会元桥序》碑文也直接说湔江即蒲阳河。第二种意见认为：穿湔江口，即凿开三石洞口（灌县城内的三泊洞河），穿渠经蒲村，入于今蒲阳河、青白江。第三种意见认为：湔江又称外江，自灌县太平堤下鱼嘴与北条河（又名柏桥河）分水后向东北流，再折向东南流入彭县境内，与青白江相汇，灌溉灌县东部及彭县、新繁大片田地，这一带在汉代大部分属于繁县，故云“溉灌繁田”。第四种意见认为：湔江发源于湔堰（即都江堰），分流处有灌口山（今离堆），东经崇宁县、彭县、新繁县、新都县，至广汉县东南汇于沱江。我们暂时无法判断孰是孰非，姑且并存于此，以待博雅君子有朝一日能拍板定案。

2．蜀好文雅，文翁之化

文翁最大的功绩是创办学校。《华阳国志·蜀志》载：

“是时世平道治，民物阜康，承秦之后，学校陵夷，俗好文刻。翁乃立学，选吏子弟就学；遣隽士张叔等十八人东诣博士受‘七经’，还以教授。学徒鳞萃，蜀学比于齐鲁。巴、汉亦立文学。孝景帝嘉之，令天下郡国皆立文学，因翁倡其教，蜀为之始也。孝武帝皆征入叔为博士。叔明天文、灾异，始作《春秋章句》，官至侍中、扬州刺史。”秦代禁止私人办学，命民以吏为师，故称“学校陵夷”，私学废弛。西汉成都人富裕悠闲，为文华而不实，出口尖酸刻薄，故称“俗好文刻”。针对这些流弊，文翁首先在成都城南修筑“石室”，用作课堂，里面供奉私学开创者孔子之像，还栽植有森森柏树，此举开了中国地方官办学校和后世“文庙”的先河。其次，经过严格考核，从郡县小吏中选拔机敏有才的十八人，送至京师长安请“博士”培训，除了研读儒家“七经”，还要学习律令。学成后归蜀任教，大大提高了蜀郡的师资水平。

渐渐地，蜀中学风大盛起来，学生云集鱼贯，教育很快赶上了文教素来就很发达的齐鲁地区（今山东）。张宽，字叔文，又称张叔，乃是其间的佼佼者。他通晓天文、灾异之说，著有《春秋章句》，先被汉武帝征为博士，后官至侍中、扬州刺史。博士，最初是战国时所设学官之名。秦及汉初，博士的职责主要是掌管图书，通古今史事，为学术顾问官性质。汉武帝时，《易》《书》《诗》《礼》《春秋》五经皆设博士，带领弟子若干人。自汉武帝后，博士专掌经学传授，与文帝、景帝时的博士制度又有差异。

综而言之，文翁在成都办校兴学，大大改变了蜀郡文化教育的落后面貌。毗邻的巴郡、汉中郡也跟着开始设立学校，发展当地文教。汉武帝对此十分赞赏，曾诏令全国各郡县纷纷予以仿效推广。读《汉书》文翁传可知，《蜀志》作“孝景帝”不确，也是常璩笔下的纰漏。

3．石室之焚毁与重建

《蜀志》后面又交代了文翁石室的命运：“始，文翁立文学精舍、讲堂，作石室，一曰玉室，在城南。永初后，堂遇火，太守陈留高眹更修立，又增造二石室。州夺郡文学为州学，郡更于夷里桥南岸道东边起文学，有女墙。”

原来，石室又有“玉室”的美称。据《隶释》卷一《蜀郡太守高眹修周公礼殿记》，东汉光武帝时，太守梓潼文君围绕石室又增造了官舍两百余间。安帝永初以后，突然遭遇火灾，精舍、讲堂、官舍一并化为灰炭，“独留文翁石室、庙门之两观”。换而言之，木构部分全被焚毁，石质部分岿然不倒。何为“两观”？《正统道藏》正一部《道书援神契·宫观》告诉我们：“城门之两旁高楼谓之观。”庙门之两观，大约就是今天还能见到的那种两两相对的“汉阙”。灵帝光和五年至献帝兴平元年，陈留（今河南省开封市陈留镇）人高眹以太守的身份，在废墟旧址中修筑了“周公礼殿”，重建了相关场馆。至此，文翁石室及其配套建筑便正式形成“庙学合一”体制，既是教育机构，又为祭祀场所，传道、授业两不误。

有研究表明，文翁石室及其配套建筑内所祭祀的人物众多，有传说的神圣盘古、伏羲、神农等，政治领袖禹、汤、文、武以至汉武、光武等，治世名臣李冰、文翁、诸葛亮等，学术闻人从仓颉、沮诵[19]、老子、孔子、孔门弟子以逮郑玄、谯周、王肃、杜预等，既是历代贤君先圣名臣的渊薮，也是各朝学术文化以及地方文化之代表人物的荟萃。这一政统、道统、学统三结合体系的建立，较唐贞观二十一年（647）形成的孔庙陪祀制度早了四百多年。石室礼殿自汉代建成后，经魏晋数朝的增饰、维护，雕塑及绘祀人物也续有增添，历南北朝、隋唐五代、两宋直至元、明，以其古朴的风格、精湛的壁画，深得文人雅士喜爱，一再被外地学宫效仿，在历史上曾发挥过巨大作用，对中国孔庙祭祀制度的形成具有先导作用和典范性影响。石室礼殿最终毁于明代，到了清代又有所重建，为成都府学、锦江书院之所在。

“州夺郡文学为州学，郡更于夷里桥南岸道东边起文学，有女墙。”大意是讲：后来，益州官府把郡学升格改造为州学，蜀郡就在夷里桥南岸道东边另建了一所学校和一圈矮矮的女墙，南岸道的西边就是著名的“锦官”和“锦里”。

六、花重“锦官城”，风烟望“五津”

作为绾合南北丝绸之路的枢纽城市，成都早在西汉就已拥有了当时世界上最先进的丝绸织造技术，生产的蜀锦更是因工艺精妙、样式繁多而闻名遐迩。“遵义汉三贤”之牂柯郡人盛览曾向蜀郡成都人司马相如请教作赋的心得，相如答道：“合綦组以成文，列锦绣以为质。”匠人造锦，文人作赋，都要讲组织，一个组织丝线，一个组织字句，行业有别，道理则通。盛氏若有所悟，回乡后写下《合组歌》与《列锦赋》，开了一方之文章教化。借织锦的工序向外地人比况写赋，足见蜀锦的普及率之高。稍后，蜀郡成都人扬雄作《蜀都赋》，直接赞美蜀锦之奇："尒乃其人，自造奇锦……发文扬采，转代无穷。"

扬马之语赫赫在目，现当代历史学家李剑农《先秦两汉经济史稿》所谓西汉史料内未有言蜀锦者显然不确。文献不足，尚有文物可征。前几年，四台蜀锦提花机模型从成都金牛区天回镇老官山汉墓中破土而出，瞬间便将以往画像砖上的平面图和《蜀都赋》里的抽象语转换成了三维立体效果，令人不得不承认且叹服蜀锦织造历史之悠久、技艺之纯熟。

1. 锦里之来历

汉武帝以后，盐、铁不准私人经营，其余各业皆有公营与私营者。公营织锦的部门叫作"锦官"，有厂房，有围墙，在成都城内自成一小城，故而又称"锦官城"或"锦城"，其地大约位于今西较场外锦江南岸地区。《华阳国志·蜀志》载："州夺郡文学为州学，郡更于夷里桥南岸道东边起文学，有女墙。其道西城，故锦官也。锦工织锦濯其江中则鲜明，濯他江则不好。故命曰'锦里'也。"我曾在《古代成都的大工匠及其代表作品》一文中说到成都江水的妙处，结合常璩此处的记叙，可知史上的锦江既为淬刀之佳流，也是濯锦之好水。锦城之大，加上锦江之长，围绕织锦、售锦，业态自然类聚，范围连成了一个"里"，美其名曰"锦里"。如今的"锦里古街"虽只有短短几百米距离，但热闹繁华依然不减当年。

锦官城"西又有车官城，其城东、西、南、北皆有军营垒城"。关于车官的诞生缘由，以及车官城的规制，前辈学者已做过精要分析，不必再饶舌费墨，直接抄引在这里即可。其文略云："秦既取蜀，修筑道路，以便车运。所谓以金牛诳蜀王，使其筑通秦之路，固属神话，然筑路则为事实。至汉武帝从唐蒙、司马相如建议，通西南夷，先后置犍为、牂柯、越巂、沈黎、汶山、益州、武都诸郡，皆以成都为根据地。后方运输频繁，发卒治道，动辄数万人，故峻岭亦有盘曲上升之车道曰九折阪者（见《汉书·王尊传》）。道路既多，运输工具亦当增加，遂设车官，所在地又筑城环之。城之四周皆有军营城垒，足见其为军事工业区域。”九折阪位于今雅安市荥经县西邛崃山，极为曲折险阻。《汉书·王尊传》载：“琅邪王阳为益州刺史，行部至邛郲九折阪，叹曰：‘奉先人遗体，奈何数乘此险！’后以病去。及尊为刺史，至其阪，问吏曰：‘此非王阳所畏道邪？’吏对曰：‘是。’尊叱其驭曰：‘驱之！王阳为孝子，王尊为忠臣。’”后以“九折”“王阳道”形容艰险的道路，例如唐人卢照邻《至望喜瞩目言怀贻剑外知己》“圣图夷九折，神化掩三分”、明人张凤翼《红拂记·同调相怜》“路迢迢，霜迳迷荒草，险似王阳道”。

2．凤凰山上的王女墓

成都北郊约6公里处，有一座海拔仅572米的浅丘，南北走向，由首尾相顾的两个山头组成，从某种角度看去，宛若迎风展翅、翘首远望的凤凰，故长期被叫作“凤凰山”。其实此山古已有之，初名“斛石山”，即李膺《益州记》“斛石山有两女冢矣”（《太平寰宇记》卷七二引）之斛石山；唐人称“石斛山”，薛涛有《石斛山晓望寄李侍郎》《石斛山书事》两诗（载于《全蜀艺文志》卷八）；宋人称“学射山”，范成大有《上巳前一日学射山万岁池故事》等诗（载于《成都文类》卷九）。

斛石，石斛，似二实一，是因为山上原本有石如斛[20]而得名。此石可能也是古蜀墓葬的墓志遗物，即常璩所谓“其亲埋作冢者，皆立方石以志其墓”之类。《华阳国志·蜀志》载：“其郡四出大道，道实二十里有衢。今言十八里者，昔蜀王女未嫁，年二十亡，王哀悼，不忍言二十，故言十八也。王女墓在城北，今王女陌是也。”成都的东西南北四个方向都有大路，每条路的二十里处都有一个十字路口。但是人们一度只称十八里，而不说二十里。传说蜀王有个女儿，年方二十，还没出嫁就死了。蜀王哀悼不已，不忍提及“二十”这个词，怕想起爱女。上行下效，民间也就只敢以“十八”指代“二十”了。所谓“两女冢”，恐怕就是“王女墓”的传闻异辞。后来，路又因墓名，故晋时有一条“王女陌”，陌也是大道的意思。

3. 岷江五津

唐人王勃有一首著名的送别诗——《送杜少府之任蜀州》：“城阙辅三秦，风烟望五津。与君离别意，同是宦游人。海内存知己，天涯若比邻。无为在歧路，儿女共沾巾。”何为“五津”？很多注家只说“五津”是“蜀州”的代用词。其实“五津”乃指岷江上的五个渡口，而且每一个都有专名。

在“七桥”之后、“锦官”之前，《华阳国志·蜀志》提到了这“五津”：“其大江自湔堰下至犍为有五津：始曰白华津；二曰皂里津；三曰江首津；四曰沙头津，刘璋时召东州民居此，改曰东州头；五曰江南津。入犍为，有汉安桥、玉津、东沮津，津亦七。”前面讲了成都二江有七桥，故此云“津亦七”。

上文两处“犍为”均非如今乐山市所辖的那个犍为县，而是位于今彭山西北的犍为郡城。“犍为郡，孝武建元六年置。”孝武建元六年，即公元前135年。“郡去成都百五十里，渡大江。昔人作大桥曰汉安桥，长一里半，每秋夏水盛，断绝，岁岁修理，百姓苦之。建安二十一年，太守南阳李严乃凿天社山，寻江通车道，省桥，梁三津，吏民悦之。”这三津，是指新津至彭山间的南河、西河和金马河。玉津又名璧玉津，在犍为郡城之东北，即今彭山北。东沮津疑即今彭山县东之平盖渡，因在犍为郡城东之沙滩上，所以称作东沮。

从都江堰以下至彭山西北，五津分别是白华津、皂里津、江首津、沙头津、江南津。白华津大概就是今温江之三渡水，此为成都至江原（今崇州）大路之渡口，清康熙前成都至崇庆州、邛州驿路均由此渡。皂里津即新津县邓公场与旧县坝之渡口，直到新津南河大桥建成前，一直为成都至彭山、至新津的主要渡口。江首津疑即新津东南之白果渡。沙头津在彭山北，即今观音铺东之双江渡。江南津在沙头津之南、今彭山之北。

七、成都城门多，风雅英伟之士更多

在龙泉山和龙门山、邛崃山之间，有一块8000平方公里的土地，为我国西南最大的平原。因成都位于平原之中，故称“成都平原”。由于它由岷江、沱江等八条河流冲积扇连缀而成，故而水网密布，冠于四川其他地区，这也是造成一些地方低洼、地下水位高、下湿田集中的主要原因。在古蜀时期，更是河道纵横，水患连连，号称“卑湿之地”。唐人戎昱《成都暮雨秋》诗云“地卑多雨润”，至今犹然。

随着人口的增加，必须扩展耕地，就需要有一个与水争地、辗转迁徙的漫长过程。于是自开明一世起，至五世止，蜀人屡屡迁移，从郫县徙治新都，接着向南搬至广都（今成都双流区），最终在开明九世又折返成都。整个开明王朝的大部分时段，都呈现出新都、广都、成都这样一条迁徙、治水、择都的弧形路线。

1. 大城九门，少城九门

秦国吞并开明王朝之后，成都新城的修筑提上了议事日程。但由于“蜀地土惟涂泥，古难版筑”（《全蜀艺文志》卷三七段全纬《城隍庙记》），新城是屡筑屡颓，一段城墙刚夯好没几天就垮了。看来，四正四方的格局是不可取了，只能“顺江山之形”（赵抃《成都古今集记》），首尾由西南斜向东北而筑墙。公元前311年，城成，史称“大城”。其形如龟，非方非圆，东西狭而南北长，大体为一不规则之长方形。年代久远，书缺简脱，我们今天只知道它的北门叫作“咸阳门”，其余门数及名称皆不可考。紧邻大城之西，又筑有“少城”，少者小也，规模小于大城，并以大城西墉为东垣。这样一来，便形成了东西二城相互倚背之势，西者又为东之前卫。

西汉“元鼎二年，立成都郭、十八门，于是郡县多城观矣。”《华阳国志·蜀志》这句话表明，到公元前115年，成都城外又修起了“郭”。郭，外城也。外城也有墙和门，其见诸记载者有所谓“小雒郭门”。

元始二年（公元2年），成都有七万六千余户，次于长安，逾于洛阳。就人口而言，成都已成为当时全国第二大城市。公元前115年左右，应该比此户数少不了多少。加上盐、铁、铜、蜀锦、漆器等产品畅销各地，成都又与洛阳、邯郸、临淄、宛齐名“五都”。人口增多，百业繁盛，少城西南已发展为南市，城外所增之街巷必多，故有建郭的必要。

外城之内，西为少城，共有九门，东为大城，亦有九门，此之谓“十八门”。少城城门今可考者只有南面三门：最东的叫“阳城门”，左思《蜀都赋》“结阳城之延阁”即是；次西曰“宣明门”，其门楼即著名的“张仪楼”；最西的是“市桥门”，因正对市桥而得名。大城城门今可考者有二：一为北面二门之“咸门”，即“咸阳门”；一为南面之“江桥门”，因正对江桥而得名。

2. 扬雄追慕司马相如

成都不但城门多，风雅英伟之士亦复不少。《华阳国志·蜀志》载：“蜀自汉兴至于哀、平，皇德隆熙，牧守仁明，宣德立教，风雅英伟之士命世挺生，感于帝思。于是玺书交驰于斜谷之南，玉帛戋戋乎梁、益之乡。而西秀彦盛，或龙飞紫闼，允陟璿玑；或盘桓利居，经纶皓素。故司马相如耀文上京，扬子云齐圣广渊，严君平经德秉哲，王子渊才高名隽，李仲元湛然岳立，林公孺训诂玄远，何君公谟明弼谐，王延世著勋河平。其次，杨壮、何显、得意之徒恂恂焉。斯盖华、岷之灵标，江、汉之精华也。故益州刺史王襄悦之，命王褒作《中和颂》，令肓子作《鹿鸣》声歌之，以上孝宣帝。帝曰：‘此盛德之事，朕何以堪之。’即拜为郎。”

常璩应该很满意司马相如之前的这段总评，所以在《华阳国志·先贤士女总赞上》篇又重述了一遍，只稍稍变换了几个词而已："自汉兴以来迄乎魏、晋，多士克生，髦俊盖世。恺元之畴，感于帝思。于是玺书交驰于斜谷之南，束帛戋戋于梁、益之乡。或迺龙飞紫阁，允陟璿玑；亦有盘桓利居，经纶皓素。"大意是讲：汉朝开国以来，蜀地人才济济，为历代明君所赏识。于是，聘书和聘礼纷至沓来。这些人才有的官运亨通，有的却隐居不仕。

"司马相如，字长卿，成都人也。游京师，善属文，著《子虚赋》而不自名。武帝见而善之，曰：'吾独不得与此人同世。'杨得意对曰：'臣邑子司马相如所作也。'召见相如。相如又作《上林赋》，帝悦，以为郎。又上《大人赋》以风谏；制《封禅书》，为汉辞宗。官至中郎将。世之作辞赋者自扬雄之徒咸则之。"司马相如是成都有史以来凭卓绝文采显贵于京师的第一人。

扬子云即"扬雄，字子云，成都人也。少贫好道，家无担石之储、十金之费，而晏如也。好学，不为章句。初慕司马相如绮丽之文，多作词赋。车骑将军王音，成帝叔舅也，召为门下史，荐待诏，上《甘泉》《羽猎》赋，迁侍郎，给事黄门。雄既升秘阁，以为辞赋可尚，则贾谊升堂，相如入室，武帝读《大人赋》，飘飘然有凌云之志，不足以讽谏，乃辍其业。以经莫大于《易》，故则而作《太玄》；传莫大于《论语》，故作《法言》；史莫善于《苍颉》，故作《训纂》；箴谏莫美于《虞箴》，故作《州箴》；赋莫弘于《离骚》，故反屈原而广之；典莫正于《尔雅》，故作《方言》。初与刘歆、王莽、董贤同官，并至三公。雄历三帝，独不易官，年七十一卒。自刘向父子、桓谭等深敬服之。其玄渊源懿，后世大儒张衡、崔子玉、宋仲子、王子雍皆为注解。吴郡陆公纪尤善于《玄》，称雄圣人。雄子神童乌，七岁预雄《玄》文，年九岁而卒。”此为《先贤士女总赞上》中的扬雄小传，常璩借《左传》“齐圣广渊”四字总评之。“齐者，中也，率心由道，举措皆中也。圣者，通也，博达众务，庶事尽通也。广也，宽也，器宇宏大，度量宽弘也。渊者，深也，知能周备，思虑深远也。”这个高度的评价和“圣人”之称倒是相当匹配的。扬雄厉害，连次子扬信（字子乌）也是神童。扬信七岁就能协助扬雄写作《太玄》，可惜天畀其才而啬其寿，九岁便夭折了。

3. 隐于成都闹市的严君平

严君平即“严遵，字君平，成都人也。雅性澹泊，学业加妙，专精《大易》，耽于《老》《庄》。常卜筮于市，假蓍龟以教：与人子卜，教以孝；与人弟卜，教以悌；与人臣卜，教以忠。于是风移俗易，上下兹和。日阅数人，得百钱，则闭肆下帘，授《老》《庄》。著《指归》，为道书之宗。扬雄少师之，称其德。杜陵李强为益州刺史，谓雄曰：‘吾真得君平矣。’雄曰：‘君但可见，不能屈也。’强以为不然。至州，修礼交遵，遵见之，强服其清高而不敢屈也。叹曰：‘扬子云真知人也！’年九十卒。雄称之曰：‘不慕夷，即由矣’；‘不作苟见，不治苟得，久幽而不改其操，虽随、和何以加诸！’”

成都有一条“支矶石街”，因一块来历不凡的石头而得名。“矶”又写作“机”，传说该石是天上织女用来支垫织机的石头，所以叫作“支机石”。

相传，最初天上的银河与地上的河是水脉相通的。有一次，汉代杰出的外交家、旅行家、探险家、丝绸之路的开拓者张骞坐船，不知不觉驶入了银河。他看见一个女子在织锦，一个男子牵着牛，便打听这是什么地方。女子回答：“这不是人间，你是怎样来到此处的呢？”说完便把支机石送给了张骞，叫他用船载回去问问蜀人严君平，就能知道是怎么一回事了。严君平当时在成都市上算卦，很是灵验。张骞跑去找到他询问，严氏掐指一算，然后说：“某年某月某日，有一颗客星冲向了牵牛星。”算一算时间，刚好是张骞误入银河之际。

实际上，严君平出生时，张骞已去世多年，两人根本无法对面问答。这显然是个虚构故事。史上真实的严君平可谓《华阳国志》中“盘桓利居，经纶皓素”之代表人物。盘桓乡里，不求仕进，满腹经纶，洁白纯真，正是严君平的传神写照。

君平是他的字，单名一个“遵”，为人淡泊名利，学养深厚，特别专精于《易经》《老子》和《庄子》，著有《老子指归》（正统《道藏》能字号著录为《道德真经指归》）一书，成为道家的经典作品。严君平每天在闹市替人算命，借机教给世人孝悌忠义之道。当时周围风俗大变，上下和睦，其中就有不少他的功劳。慕名而来者多如过江之鲫，但他每天只要挣够百余钱，就收刀捡卦歇业回家，给学生讲授《老》《庄》。扬雄小时候就曾在他门下学习，大为赞赏他的品德情操：“不慕夷，即由矣”；“不作苟见，不治苟得，久幽而不改其操，虽随、和何以加诸！”这两句出自《法言》，正是扬雄对严君平主要的赞语。严君平以著名隐士伯夷、许由为榜样，长期幽居而不改变节操，简直就是人群之中的随珠和璧。

4. 王子渊与碧鸡坊

《华阳国志》一处说："王子渊才高名隽"；另一处又说："王渊艳丽，蔚若华圃。"艳丽如花圃，是夸他的文藻。王子渊即"王褒，字子渊，资中人也。以高才文藻侍宣帝。初为王襄作《乐职》《中和》颂，宣帝时又上《甘泉》《洞箫》赋。帝善之，令宫人诵之。为谏大夫，卒。"《汉书》称"王褒、严遵、扬雄之徒文章冠天下"，今人称王子渊与司马相如、扬雄为"蜀中汉赋三大家"，良有以也。

王褒虽是资中人，但也跟成都的地名有关。民国《崇宁县志》云："碧鸡祠在县北七里，即汉时祀金马碧鸡之神处，今为五显庙。光绪中，昭觉寺方丈欲住锡于此，大新庙宇，复署曰'古碧鸡祠'，以志王子渊先生遗迹。"崇宁县的疆域包括今郫都区西北部及都江堰市、彭州市部分区域，县城位于今郫都区唐昌镇。

此外，古时"成都之坊百有二十，第四曰碧鸡坊"（李膺《益州记》），还有"金马坊"。西汉时，益州刺史部之越嶲郡蜻蛉县（今云南省楚雄彝族自治州大姚县）禺同山上，露天铜矿和碧石在阳光照耀下闪闪发光，远望之，好像金色马、碧色鸡。一传十，十传百，"金马骋光而绝景，碧鸡倏忽而曜仪"（左思《蜀都赋》）之事便越传越神，竟为汉宣帝所闻。他想占鸡马而为己有，故命王褒前往祭祀迎取。王褒尚未至禺同山，即病死于半道之中。《华阳国志·南中志》如是记载："蜻蛉县，有盐官。濮水出。禺同山有碧鸡金马，光影倏忽，民多见之，有山神。汉宣帝遣谏议大夫蜀郡王褒祭之，欲致鸡马。褒道病卒，故不宣著。"嗣后不久，在成都遂出现了以

“碧鸡”二字为名之坊。

5. 成都贤人李仲元

相比前述诸位，“湛然岳立”、淡定如山的李仲元其名气要略逊一筹，但也得到了扬雄的褒扬，被人目为“贤者”。

李仲元即“李弘，字仲元，成都人。少读五经，不为章句。处陋巷，淬励金石之志，威仪容止，邦家师之。以德行为郡功曹，一月而去。子赘以见辱杀人，太守曰：‘贤者之子必不杀人。’放之。赘自以枉，语家人。弘遣亡命。太守怒，让弘，弘对曰：‘赘为杀人之贼，明府私弘枉法。君子不诱而诛也，石碏杀厚，《春秋》讥之；孔子称父子相隐，直在其中。弘实遣赘。’太守无以诘也。州命从事，常以公正谏争为志。扬子云称之曰：李仲元为人也，‘不屈其志，不累其身’，‘不夷不惠，可否之间’；‘见其貌者，肃如也；观其行者，穆如也；闻其言者，愀如也’；‘非正不言，非正不行，非正不听，吾先师之所畏’。”

李弘因为德行出众而担任“郡功曹”[21]，干了一个月就辞了职。这大概就是《法言》所谓“不屈其志，不累其身”“不夷不惠，可否之间”，既不学“圣之清者”伯夷，也不学“圣之和者”柳下惠，只做自己，逍遥快活。

有一回，李弘的儿子李赘因受到他人羞辱而杀了对方。太守认为“贤者之子必不杀人”，就把李赘给无罪释放了。李赘回家如实相告，李弘马上叫他逃之夭夭。太守知道后大怒，责备李弘。李弘辩解道：李赘是杀人犯，大人您因为我的缘故才徇了私枉了法。然而君子不骗人去送死，石碏杀死儿子石厚，被《春秋》所否定；孔子说：“父为子隐，子为父隐，直在其中矣。”所以，我还是放跑了李赘。听了这段“《春秋》决狱”的陈词之后，太守无言以对。

“《春秋》决狱”又称“经义决狱”，是西汉儒家代表人物董仲舒提出来的一种审判案件的推理判断方式，主要用孔子的思想来对犯罪事实进行分析、定罪；即除了用法律外，可以采取《易》《诗》《书》《礼》《乐》《春秋》六经中的思想来作为判决案件的依据。“《春秋》决狱”原则的运用，是经学与法制的结合，它使得司法机构儒家化，这在一定程度上缓和了阶级矛盾，稳定了社会秩序。这样的断案方式，以及父子相隐、亲亲相匿的规则，时至明清还有较大的影响。

6．林公孺清寂一生

除了严君平，扬雄还有一位训诂学上的老师——林公孺。常璩又尊称他为“林生”，即“林闾，字公孺，临邛人也。善古学。古者，天子有輶车之使，自汉兴以来，刘向之徒但闻其官，不详其职，惟闾与严君平知之，曰：‘此使考八方之风雅，通九州之异同，主海内之音韵，使人主居高堂知天下风俗也。’扬雄闻而师之，因此作《方言》。闾隐遯，世莫闻也。”一说，林闾乃复姓。公孺，又作翁孺。

《方言》全称《輶轩使者绝代语释别国方言》，輶轩使者即周秦天子的輶车之使。他们负责到民间各地搜访采集各种方言俚语，然后记录在案，藏入皇家档案室内，供君主御览参考，以知天下风俗。据说这些档案室破败之后，方言资料随之遗脱漏弃，“独蜀人有严君平、临邛林闾翁孺者深好训诂，犹见輶轩之使所奏言”（扬雄《答刘歆书》）。所以，扬雄闻风而去师从二者，最终编撰出了一代巨著《方言》。

7. 郫县大姓之何武

“庄生晓梦迷蝴蝶，望帝春心托杜鹃。”这个望帝名曰杜宇，“一号杜主”，曾“移治郫邑”。今天成都的郫都区，以前是郫县，再早以前就叫郫邑或郫，其核心区域即为望帝定都之“杜鹃城”。清乾隆年间宫廷画家董邦达领衔彩绘的《清初四川通省山川形胜全图·郫县图》显示，杜鹃城位于郫县城北郊。

杜宇及其继任者鳖灵死后皆葬于郫邑之南，今二冢仍旧对峙若山丘，被囊括在“望丛祠”景区内。除了鳖灵墓，《郫县图》中杜鹃城之西，尚标注有何武墓。这个何武，《华阳国志·蜀志》以《尚书》“谟明弼谐”一语论定；常璩认为他智多谋广，头脑聪明，可辅弼皇帝，以和谐其政。据《西京杂记》，何武最初瘗埋在河南洛阳邙山薄龙坂王家冢东北一里处，后被其子何况迁归于郫。如今何武墓位于郫县一中，人们习惯尊称其为“何公墓”，现已辟为“何公园”。园里墓廓有三，皆向北并列。其中间的那座砖室墓长8米、宽3.6米、高3米，乃何武之葬所，而左右两墓墓主则系他的族人。

《华阳国志·蜀志》载：蜀郡“郫县”在“郡西北六十里”，有“冠冕大姓：何、罗、郭”等氏。何武即是郫县何姓的代表人物之一。

“何武，字君公，郫人也。初以射策甲科为郎，历扬、兖州刺史，司隶校尉，京兆尹，清河、楚、沛太守，廷尉，御史大夫。成帝初具三公，拜大司空，封汜乡侯。为人忠厚公正，推贤进士：在楚致两龚，在沛厚两唐，临司隶致平陵何并，居公位进辛庆忌，皆世名贤。临州郡虽无赫赫之名，及去，民思之。才虽不及丞相薛宣、翟方进，而正直过之。哀帝即位，以朱博、赵玄为公卿，用事免官。谏大夫鲍子都亟言讼之，丞相王嘉亦以为慨。帝复征武为御史大夫，徙前将军。时大司马新都侯王莽避帝外家丁、傅氏，逊位，亦以列侯见征。哀帝诏博举太常，莽从武求举，武以莽奸人之雄，不许。哀帝崩，王太皇太后，莽姑也，即日引莽入，收大司马董贤印绶，诏举大司马。丞相孔光等逼王氏，皆举莽。武与左将军公孙禄谋曰：'莽四父世朝，权倾人主，必危刘氏。'乃举禄，禄亦举武。太后不从，用莽为大司马。莽讽有司劾奏，皆免。武就国后，莽浸盛，遂为宰衡、安汉公。欲图篡汉，惮武与其叔红阳侯王立不从。元始三年，因吕宽、吴章事槛车征武，武自杀，众咸冤之。莽欲厌众心，谥武曰刺侯，子况嗣。"

何武为人忠厚公正，不断替汉室推贤荐士，最终却因王莽诬陷逼迫而自杀身亡。为了平息众怒，王莽让何武之子何况承袭侯爵之位。篡汉称帝后，王莽旋即免何况为庶人。常璩一再赞扬何武"忠贞""忠厚"，类似评价可谓影响深远。北宋清献公赵抃当成都知府时，曾饬命郫县县令在何武墓南为其建祠享祀，"俾桑梓有所钦式，用以劝忠也"，希望全县人民都来学习何武的忠贞厚道。不啻此一事件，益州牧宋祁又曾于宋仁宗嘉祐三年（1058）修建文翁祠堂，画蜀先贤九人像于东西壁，以配祀文翁，何武即九人之一，与司马相如等并列。

8．司马相如、扬雄的贵人

"何君公谟明弼谐"之后是"王延世著勋河平"，因王延世不是成都人，故略去不提，只讲一讲下文的"杨壮、何显、得意之徒"。

杨壮，又作“杨庄”，是汉成帝的直宿郎。当时扬雄家贫而好学，对司马相如之文心慕手追，作了一篇《绵竹颂》，颇能得其神韵。有一天，杨壮把《绵竹颂》念给成帝听。帝曰：“好像是相如写的。”杨壮答道：“非也，此人乃是臣的老乡扬子云。”成帝立即召见扬雄，拜他为黄门侍郎。扬雄由此成名，并走上仕途。唐人李商隐《令狐舍人说昨夜西掖玩月因戏赠》一诗云“几时绵竹颂，拟荐子虚名”，运用的就是这个典故。

何显，郫县人，何武的弟弟，官至颍川太守。何武、何显兄弟共五人，皆为郡吏，就连郡县都敬畏他们。何显家有人在市场上经商，经常不缴纳赋税，以致县里屡次征收不达标。某次，掌管税收的啬夫求商逮捕了何显家人。何显发怒，想找碴报复求商。何武说：“我们家在租赋徭役方面没有成为众人的表率，啬夫奉公行事，是非常适宜的。”于是何武告知太守，并征召求商当了卒吏。州郡乡里听闻此事，均极为佩服。

得意即杨得意，乃汉武帝的狗监，负责管理皇家猎犬。有一次，他陪侍在武帝身边。武帝读到《子虚赋》，很喜欢，以为是古人之作，便感叹说：“朕独不得与此人同时哉！”得意回答：“臣的老乡司马相如是此赋的作者。”武帝惊讶，乃召问相如对质。嗣后，相如便晋升于官路、扬名于京城了。唐人王勃《滕王阁序》曰“杨意不逢，抚凌云而自惜”，正是在反用这个故实。

司马相如、扬子云、严君平、王子渊、李仲元、林公孺、何君公、杨壮、何显、杨得意之事迹已如前述，常璩总评道：“斯盖华岷之灵标、江汉之精华也。”地灵而人杰，司马相如等人或许就是蜀山蜀水所孕育的精华吧。

9．蜀贤列传

接下来，《华阳国志·蜀志》有这么一段：“降及建武以后，爰迄灵、献，文化弥纯，道德弥臻。赵志伯三迁台衡，子柔兄弟相继元辅，司空张公宣融皇极，太常仲经为‘天下材英’，广陵太守张文纪号‘天下整理’，武陵太守杜伯持能决天下所疑，王稚子震名华夏，常茂尼流芳京尹。其次，张俊、秦宓英辨博通，董扶、杨厚究知天文，任定祖训徒，同风洙泗。其孝悌，则有姜诗感物寤灵，禽坚精动殊俗，隗通石横中流，吴顺赤乌来巢。其忠贞，则王皓陨身不倾，朱遵绊马必死，王累悬颈州门，张任守节故主。其淑媛，则有元常、靡常、程玦及吴几、先络、郫之二姚、殷氏两女、赵公夫人。自时厥后，龙宗有鳞，凤集有翼，搢绅邵右之畴比肩而进，世载其美。是以四方述作，有志者莫不仰其高风，范其遗则，擅名八区，为世师表矣。其忠臣孝子、烈士贞女，不胜咏述，虽鲁之咏洙泗，齐之礼稷下，未足尚也。故汉徵八士，蜀有四焉。”

在文翁之后，《蜀志》又提及了一系列蜀郡太守：“其太守著德垂绩者，前汉莫闻。建武以来，有第五伦、廉范叔度特垂惠爱。百姓歌之曰：‘廉叔度，来何暮！来时我单衣，去时重五袴。’其后，汉中赵瑶自扶风太守来之郡，司空张温谓曰：‘第五伯鱼从蜀郡为司空，今扫吾第以待足下。’瑶换广汉，陈留高眹亦播文教。太尉赵公初为九卿，适子宁还蜀，眹命为文学，撰《乡俗记》，亦能屈士如此。广汉王商、犍为杨洪，皆见咏怀。”

从汉光武帝建武年间以后，直至灵帝、献帝之时，蜀地的文化氛围越来越醇厚，人们的道德品行越来越高洁。忠臣，孝子，烈士，贞女，接连产生，不胜枚举。“虽鲁之咏洙泗，齐之礼稷下，未足尚也”，简而言之，其实还是前文“比于齐鲁”的意思。

八、“成都县”及周边诸县

在中华人民共和国成立后，成都市的行政辖区累经调整，逐步扩大，由29.9平方公里延展到了14312平方公里。

1950年7月，将1945年设置的14个区调整为8个区，以序数命名；翌年8月，成都县、华阳县部分区域划入后，又调整为6个区；1953年5月，又调整为东城区、西城区、望江区、龙潭区、万年区5个区。1955年，龙潭区、万年区合并为郊区（1960年更名金牛区），望江区并入东城区。此后，又相继建立了青白江区、龙泉驿区和黄田坝办事处（区级）。1976年温江地区的双流县、金堂县被划入成都市管辖；1983年，实行市领导县的体制，撤销温江地区，将其10个县并入成都市；1990年，调整成都市行政区划，将原来的5个区划分为7个区；2002年，经国务院批准，又将原新都县、温江县撤县设区；2015年12月，原双流县撤县设区；2016年5月，资阳市代管的县级简阳市改由成都市代管；2016年11月，原郫县撤县设区。至此，成都市共辖：锦江、青羊、金牛、武侯、成华、龙泉驿、青白江、新都、温江、双流、郫都11个区，简阳、都江堰、彭州、邛崃、崇州5个县级市，金堂、大邑、蒲江、新津4个县。

《华阳国志》前四志每于综述一地历史后，又单列其所辖各县，并顺带介绍其概况。第三志《蜀志》首个介绍的便是成都县："成都县，郡治。有十二乡、五部尉。汉户七万，晋三万七千。名难治。汉时广汉冯颢为令，而太守京兆刘宣不奉法，颢奏免之。立文学，学徒八百人；实户口万八千，开稻田百顷，治有尤异。后有广汉刘宠为令。大姓恣纵，诸赵倚公，故多犯法。濮阳太守赵子真父子强横，宠治其罪，莫不震肃。郫民杨伯侯奢侈，大起冢营，因宠为郫令，伯侯遂徙占成都；宠复为成都，豪右敬服。有蜀侯祠。大姓有柳、杜、张、赵、郭、杨氏。豪富：先有程郑、郄公，后有郭子平。奢豪：杨伯侯兄弟。"

成都县，为秦所置。秦于公元前316年灭蜀，设县当在这年以后、公元前311年秦城修筑之前，并非如《水经注》所说汉武帝元鼎二年始有成都县。筑城之前，成都县的衙署暂设于赤里街[22]；城池建成后，张若将其迁入少城。从此直至西晋，成都县治均在少城之内。大城之内，则有蜀郡郡治。"成都县，郡治。"是说蜀郡郡治所在地，也属于成都县的管辖范围。《晋书·职官志》载：县五百户以上皆置乡，三千户以上置二乡，五千户以上置三乡，万户以上置四乡。成都县有七万户[23]，十二乡，显然是特大的县了。县大人多，便难治理。尤其是那些大姓豪富，恣纵强横，知法犯法。县中有蜀侯祠，其来历在《成都北门原名"咸阳门"》一文中已详述，拟不再辞费。

接下来是"郫县，郡西北六十里。冠冕大姓：何、罗、郭氏"。郫县在蜀郡（成都）西北六十里，汉时辖今郫都、温江二区及都江堰市岷江以东以北之地。

“繁县，郡北九十里。有泉水、稻田。三张为甲族。”繁县因繁江（今青白江）而得名，稻田肥良，媲美郫县，所以一度有“小郫”之美誉。

“江原县，郡西，渡大江，滨文井江，去郡一百二十里。有青城山，称江祠。安汉上下、朱邑出好麻、黄润细布，有羌筒盛。小亭有好稻田。东方常氏为大姓。文井江上有常堤三十里，上有天马祠。”江原县是常璩的故乡，辖今崇州市及都江堰市岷江西南之地，所以有青城山。县里出产大麻，其纤维可织布，譬如司马相如《凡将篇》、扬雄《蜀都赋》均曾大书特书的“黄润细布”，以岷江上游羌地的竹筒盛装，曾远销大夏国[24]。关于天马祠，李膺《益州记》有载：“宁州有天马河，河边牧马产骏驹，一日千里，至此毙于岸，南人为立祠。”“此”指江原小亭。祠之外，尚有一座葬马的坟，名叫“天马冢”。

“临邛县，郡西南二百里。本有邛民，秦始皇徙上郡实之。有布濮水，从布濮来合文井江。有火井，夜时光映上昭。民欲其火，先以家火投之。顷许，如雷声，火焰出，通耀数十里，以竹筒盛其光藏之，可拽行终日不灭也。井有二：一燥，一水。取井火煮之，一斛水得五斗盐；家火煮之，得无几也。有古石山，有石矿，大如蒜子，火烧合之，成流支铁，甚刚，因置铁官，有铁祖庙祠。汉文帝时，以铁铜赐侍郎邓通，通假民卓王孙，岁取千匹；故王孙赀累巨万，邓通钱亦尽天下。王孙女文君能鼓琴，时有司马长卿者，临邛令王吉与之游王孙家，文君因奔长卿。汉世，县民陈立历巴郡、牂柯、天水太守，有异政。陈氏、刘氏为大姓冠盖也。”临近邛民[25]聚居之地，故名临邛，辖今邛崃、蒲江、大邑。县中有两种井，干燥的是天然气井，有水的是盐井。接取井火以煮盐水，产盐量要比用柴火煮的高出若干倍。县中有古石山，盛产铁矿石，卓王孙因之炼铁而致富。县中不仅有文君夜奔相如的爱情佳话，还有三郡太守陈立的政治美谈。要引起注意的是，《史记》汉文帝赐给邓通的铜山在严道县(今荥经县)，并不在临邛县。

“广都县，郡西三十里，元朔二年置。有盐井、渔田之饶。大豪冯氏有鱼池、盐井。县凡有小井十数所。江有鱼漕梁，山有铁矿。江西有好稻田。有望川原，穿山崖过水二十里。汉时县民朱辰字元燕，为巴郡太守，甚著德惠。辰卒官，郡獽民北送及墓；獽蜑鼓刀辟踊，感动路人，于是葬所草木顷许皆仿之曲折。迄今蜀人莫不叹辰之德，灵为之感应。今朱氏为首族也。”广都县，汉武帝元朔二年（公元前127年）所置，辖今双流区、仁寿县之北部即简阳西部之一角。县中也有盐井和铁矿，还有不少鱼塘。县民朱辰，当过巴郡太守，口碑极好，连少数民族同胞都舞刀顿足为他送葬，不但感动了路人，甚至倾倒了草木。

“新都县，蜀以成都、广都、新都为三都，号名城。有金堂山，水通于巴。汉时五仓，名万安仓。有枣、鱼梁。多名士，有杨厚、董扶。又有四姓：马、史、汝、郑者也。”新都县为蜀中“三都”之一，辖今新都区东部和金堂县北部。金堂山又名金台山，“水”指沱江。金堂县北有“万安山”，怕是与汉时储粮的“万安仓”大有瓜葛。县中多名士，比如杨厚，将祖传的图谶学发挥得淋漓尽致，每当国内发生灾异之事，都有消救之法上报。后来归乡教书，门徒多至三千余人。享年八十三岁，天子下诏赐谥号曰文父。常璩在《华阳国志·先贤士女总赞中》给他立了传，并以“文父明洞，探赜索微”八字总结，可谓名副其实、当仁不让！

备注：

① 晋明帝的驸马。

② 十六国时期成汉的末代皇帝。

③ 山南为“阳”。

④ 郫县做了若干代蜀国都城，今改称郫都区，极为妥切。此区名刚出时，多有嘲笑起哄者，显然是不知道这一段悠悠史实。

⑤ 秦汉至南北朝间由关中入蜀之主道。具体而言，即自今陕西眉县经褒斜栈道入汉中，复自勉县而西，出阳平关，由山道抵青川白水关，然后沿白龙江河谷至广元葭萌，再溯清江河西至沙溪坝，转而南，经剑阁道入剑门。

⑥ 一说张仪殁于秦武王二年。

⑦ 参看《后汉书·公孙述传》“成都郭外有秦时仓”、《华阳国志·公孙述刘二牧志》“城东素有秦时空仓”。

⑧ 用于驻兵。

⑨ 用于放哨。

⑩ 用于备战。

⑪ 有学者认为，少城之筑，即是为了安置大量的行商坐贾。

⑫ 与蜀侯通国，皆为秦惠文王之子、秦昭襄王的异母兄弟。

⑬ 掌宫殿门户。

⑭ 上引《蜀志》作成都“郭内”，有误，当从《太平御览》卷十一

《蜀本纪》“迎葬咸阳”作“咸阳”。

⑮ 创修都江堰。蜀人谓堰为堋。

⑯ 原文是“镇”的异体字，今方便表达，改为此通行字。

⑰ 故记，古书也，即《国语·楚语上》“故志”之属，乃“记前世成败之书”。

⑱ 题写在升仙桥旁的“送客观”门上，并非后世诗文用典时以为的桥柱上。

⑲ 相传为黄帝的左史，与仓颉共造文字。

⑳ 斛，古代量器，十斗为一斛。

㉑ 州郡长官的助理、秘书之类。

㉒ 秦人所筑居民点。

㉓《汉书·地理志》载其准确的户数为“七万六千二百五十六”。

㉔ 即希腊巴克特里亚王国，在今阿富汗北部。

㉕即邛人，为古代西南少数民族中的一支，又称“邛都夷”。

锦水东流绕锦城
星桥北挂象天星

唐宋两部《成都记》

（上）“扬一益二”还是“益一扬二”？

成都，真是一个美好的所在。纵，历史悠久；横，沃野千里。亘古亘今，它不仅仅是巴山蜀水钟毓而出的“大都会”，也是维系整个西南地区的文明枢纽。

成都城史之古老绵长，远远超过了“成都”这个地名的寿命。汉有《蜀王本纪》《蜀都赋》（作者杨雄），晋有《华阳国志》《蜀都赋》（作者左思），均将天府之土各代的重大事迹垂诸竹帛、播于寰区。逮至唐宋，著述渐夥，其中规模之宏伟、卷帙之浩繁、内容之丰富、影响之深远者，当数《成都记》《成都古今集记》《蜀梼杌》《成都文类》诸书莫属。

《成都记》，共五卷，乃唐人卢求所作。卢求，生卒年不详。范阳人（今河北涿州市），宰相卢携（824—880）之父，宝历二年（826）进士。应诸府“辟召”[①]，位终郡守。大中年间（847—860），在成都任西川节度使白敏中（792—863）

的从事和判官，并撰写了《成都记》。此记之外，卢求还著有《金刚经报应记》三卷及《悟空禅师行业碑》[2]、《和於中臣登越王楼见寄》[3]等诗文。这些作品大都已散佚，仅《成都记》的序言[4]完整地保存了下来，《成都记》的正文则因被众多古籍引用而幸有零篇断简流传至今。下面就从这些吉光片羽中萃取精华，看看卢求眼里的成都到底有何不同的风采。

1. 杜宇治郫，五丁担山，李冰斗龙

古蜀虽然有王五代，但真正移居成都平原而定都的当以第四代杜宇始。卢求《成都记》曰："蜀王杜宇称望帝，好稼穑，治郫城，死化为鸟，曰杜鹃，一名子规。《尔雅》曰：雟周即此鸟也，越人谓之谢豹。"此段乃整合《事物纪原》卷十、《剡录》卷十所引《成都记》之文而成，寥寥数语，已将杜宇的生前身后及其与成都的关系交代得一清二楚。郫城，也就是后来的郫县、今天的郫都区。因杜宇化鹃的美丽传说，郫县又称鹃城，县花为杜鹃花，县鸟为杜鹃鸟。

"蜀国自秦始通。秦遗蜀王五美女，蜀亦遣五丁迎之。到梓潼，见一大蛇入山穴中，一人掣其尾，不能得。五人相助，大呼拽之。山遂崩，五丁及秦女皆死。惠王遂遣张仪、司马错从石牛道灭蜀，因封公子通为蜀侯，以陈庄为相。置巴、蜀郡，迁秦人万家实之，民始能秦言，以蜀令张若为太守。前时，蜀王开明尚纳美女为妃，盖武都山之精也。及死，葬于城西北，遣五丁担其本山之土以为塚。今有二石尚在，古老言五丁担土担。陈庄既为秦公子相数年，遂谋反，煞秦公子。秦伐蜀，诛庄，封子恽为蜀侯。恽后母诬恽有罪，赐剑自煞。蜀人以其冤，因为立祠。又封子绾为蜀侯，后复疑绾反，诛死。自此，但置守而已。”《成都记·序》以上述文字开篇，简述了蜀王、蜀侯、蜀守三个历史阶段的转变。成都最高统治者的地位越降越低，成都的历史却越来越波澜壮阔。成都城西北隅之“武担山”，其准确的写法或许应该是“五担山”，五丁担土修冢，高高成山也。成都市青羊区有“五丁桥”，北接“五丁路”，不知此两处之名是否也源自开明王朝这五丁。

接下来，《成都记·序》就开始写蜀守：“后以李冰为蜀守。冰始凿二江，引水以行舟楫。岷山多梓柏大竹，坐致材木。又溉水开稻田，于是沃野千里，号为陆海。置绵、洛二水，用便溉灌。作石犀五，以压毒蛟，命曰犀牛里。后更为耕牛二，又作三石人立水中。冰非常人也，与江神约曰：‘水竭不至足，盛不没肩。’大凿岩崖，通沫水道。江之龙大怒，冰乃持刀入水与龙斗。龙死，遂无水害，迄今蒙利。蜀人称郫、繁为膏腴，绵、洛为浸沃。”凭借都江堰之水源源不断的灌溉，成都平原终于成了膏腴浸沃之地。岷山多梓柏大竹，成都可以处下游而坐致材木，从战国受益至20世纪末，也是因了岷江和都江堰的水运之力。李冰作石犀是真，因有出土文物可证；斗江龙则是治水行为的神化，亦幻亦真。

2．蜀学兴，蜀都盛

西汉“文帝末，以庐江文翁为郡守。穿湔江口，溉田千七百顷。立文学，选吏子弟皆就学。令俊乂之士张叔等十八人东诣博士受七经，还以教授。于是，岷络之地学比齐、鲁。孝景帝加叹，遣天下郡国皆立文学，自文翁始也。张叔明天文灾异，后以博士征，至侍中、扬州刺史。”《成都记·序》如是说。同为蜀守，文翁对成都的泽被，比之李冰，有过之而无不及。蜀学之兴，至今不衰，文翁功莫大焉！

《成都记·序》接着说：“孝武帝置四部都尉，俾立十八郭。于是，郡县多城观矣。”汉武帝⑤元鼎二年（公元前115），成都城已拥有十八门，四通而八达。城中人烟熙攘，道路笔直宽广，可容两车并驾齐驱。扬雄《蜀都赋》这样表达：“尒乃其都门二九，四百余閭”；左思的《蜀都赋》如此描绘：“辟二九之通门，画方轨之广涂。”二九，十八，其实都是一个意思。对蜀都之壮丽、宫城之辉煌，左思《蜀都赋》又在扬雄的描述之上踵其事而增华：“结阳城之延阁，飞观榭乎云中。开高轩以临山，列绮窗而瞰江。……华阙双邈，重门洞开；金铺交映，玉题相辉。外则轨躅八达，里闬对出；比屋连甍，千庑万屋。”简而言之，可用杜甫诗句概括如下：“曾城填华屋，喧然名都会。”

到了唐代，“扬一益二”之谚语，一时脍炙人口，几成定论，卢求却大不以为然。他认为：“大凡今之推名镇为天下第一者，曰扬、益。以扬为首，盖声势也。人物繁盛，悉皆土著。江山之秀，罗锦之丽，管弦歌舞之多，伎巧百工之富，其人勇且让，其地腴以善，熟较其要妙，扬不足以侔其半。况赤府畿县与秦、洛并，故非上将贤相、殊勋重德、望实为人所归伏者，则不得居此。况控带蛮落，阨戎限羌，非文武宽猛、包罗法度之君子，则不能得中庸。”以扬为首，即“扬一”。然而说到江山之秀、罗锦之丽、管弦歌舞之多、伎巧百工之富，扬州尚不足成都的一半。更何况成都还有着优越的战略位置，既靠近民族地区，又可连接中原腹地。滚滚红尘之内，到底哪些才算是“上将贤相、殊勋重德、望实为人所归伏者”“文武宽猛、包罗法度之君子”呢？明人宋濂的《送天台陈庭学序》给出了部分答案：“成都，川蜀之要地，扬子云、司马相如、诸葛武侯之所居，英雄俊杰战攻驻守之迹，诗人文士游眺、饮射、赋咏、歌呼之所。”

（中）卢求讲述的都江堰与犀浦

成都之所以能成为“天府之土”“陆海之地”，秦之所以能灭蜀吞楚，皆有赖于都江堰水利做其温床与后盾。

东汉开始，李冰治水的事迹越传越神，“李冰”渐渐被推上了高高的神坛。唐人张守节注《河渠书》“穿二江成都之中”一句时引了一节《风俗通》：“秦昭王使李冰为蜀守，开成都县两江，溉田万顷。神须取女二人以为妇，冰自以女与神为婚，径至祠，劝神酒，酒杯澹澹，因厉声责之，因忽不见。良久，有两苍牛斗于江岸，有间，辄还，流汗谓官属曰：‘吾斗疲极，不当相助耶？南向腰中正白者，我绶也。’主簿刺杀北面者，江神遂死。”如此这般，正是东汉的传说。李冰变作苍牛跟牛形江神决斗而最终胜出，不过是因势建堰、制伏水患的另类表达。人心好奇，较之正史，这样的玄龙门阵更易广为流传。卢求亦不例外，在《成都记》的序言和正文里均曾大书特书。

《成都记·序》对李冰的记述已见前文，下面只说《成都记》正文里的那段。其文曰：“李冰为蜀郡守，有蛟岁暴，漂垫相望。冰乃入水戮蛟。己为牛形，江神龙跃，冰不胜。及出，选卒之勇者数百，持强弓大箭，约曰：‘吾前者为牛，今江神必亦为牛矣。我以太白练自束以辨，汝当杀其无记者。’遂吼呼而入。须臾，雷风大起，天地一色。稍定，有二牛斗于上。公练甚长白，武士乃齐射其神，遂毙。从此，蜀人不复为水所病。至今大浪冲涛，欲及公之祠，皆洊洊而去。故春冬设有斗牛之戏，未必不由此也。祠南数千家，边江低圮，虽甚秋潦亦不移，适有石牛在庙庭下。唐大和五年，洪水惊溃。冰神为龙，复与龙斗于灌口，犹以白练为志，水遂漂下。左绵、梓、潼皆浮川溢峡，伤数十郡，唯西蜀无害。”因有著名类书《太平广记》卷二百九十一的抄录，这节精彩的《成都记》才得以保存至今。很显然，卢求的版本中既有《风俗通》的影子，又有唐时的演绎与发展。但万变不离其宗，无论如何，李冰都是成都人民的大恩人，他造的福至今仍润泽着广袤的川西平原和更多地区⑥。反复地传说他，神化他，皆是后人的感恩，再多也不过分。

比较有趣的是，今之学者追溯“川剧”之源起，往往会征引《成都记》“故春冬设有斗牛之戏”一句。据卢求的推测，唐代之前的斗牛之戏，又模仿自李冰斗牛之事。果真如此吗？年湮代远，恐怕只能是一桩“事出有因，查无实据”的疑案了。

都江堰到犀浦，如今因为每日动车的运行，让广大的川西高原人民可以方便快捷地进入四川省会，一览成都的美景，一饱成都的美食，茶马古道之难之苦，淡出视野，成了饭后的闲谈、旅游的噱头。一旦问起：“犀浦”之名从何而来呢？很多乘客，乃至当地居民，并不了然。宋人胡仔所撰诗话集《苕溪渔隐丛话》前集卷十一所引《成都记》却早已给出了言简意赅的交代："犀浦，在成都府二十五里。太守李冰作五石犀，沉江以压水怪，因以名县。"巧了，又跟李冰有关。犀浦原为县，武则天垂拱二年（686）割成都之西鄙而置。北宋太平兴国年间（976—984），犀浦县共辖20个乡，县境东到今成都杜甫草堂和百花潭一带。宋神宗熙宁五年（1072），省犀浦县为镇，并入郫县。至此，犀浦建县凡386年。清朝后期改称"犀和镇"，民国十九年（1930）复名犀浦。

需要特别强调的是，李冰作五石犀，并非神话，而是史实。

扬雄《蜀王本纪》载："秦惠王时，蜀王不降秦，秦亦无道出于蜀。蜀王从万余人东猎褒谷，卒见秦惠王。秦王以金一笥遗蜀王，蜀王报以礼物。礼物尽化为土，秦王大怒，臣下皆再拜贺曰：'土者，地也，秦当得蜀矣。'……秦惠王欲伐蜀，乃刻五石牛，置金其后。蜀人见之，以为牛能大便金。牛下有养卒，以为此天牛也，能便金。蜀王以为然，即发卒千人，使五丁力士拖牛成道，致三枚于成都。秦道得通，石牛之力也。后遣丞相张仪等随石牛道伐蜀焉。""石牛道"后称"金牛道"。今成都有"金牛区"，也未必不由此而得名。

石牛与石犀，有时可以等而视之，并为一谈，如清代类书《古今图书集成·神异典》卷五一引《江西通志》"清源庙"条云："旧传神姓李名冰，秦孝公时守蜀，作五石牛以压水怪。"惠王（公元前354—公元前311）先刻五石牛，李冰后作五石犀，显然都是秦人在顺应蜀人的习俗。前者主要是军事行为，后者主要是巫术行为，但都巧妙地利用了蜀地的大石崇拜和犀牛崇拜。

古蜀人认为，犀牛有特异功能，能够分水避水。依照“顺势巫术”的原则，用犀牛当模特儿而雕作的石犀自然也会产生同样的效力。正如英国人类学家詹姆斯·乔治·弗雷泽《金枝》一书第四版第三章《交感巫术》所指出的：“如果说一般的石头因其具有重量和坚硬等共性被认为具有一般的巫术效力，那么特殊的石头则以其具有特殊的形状或颜色等特性而被认为具有特殊的巫术效力。”石犀正是这样的“特殊的石头”，它所具有的“特殊的巫术效力”就是可以“压水怪”[7]，也就是能镇水防洪。

（下）铁面御史的成都情结

说完唐代的《成都记》，再来讲讲宋代的《成都记》。后者对“蜀中利害情伪、风俗好恶”“至于神仙隐逸、技艺术数、先贤遗宅、碑版名氏、事物种种”加以“著古集今”，故全名《成都古今集记》，简称《成都古今记》或《成都记》，作者赵抃，与成都、崇州，均大有渊源。

今崇州市中心的水泥丛林里隐藏着一处小巧而优美的古代园林——“罨画池”，乃是川西园林的代表作。罨画池园林始建于唐朝，初名“东亭”，是一座衙署园林。宋时，赵抃在园中开凿罨画池，加之后来苏元老[8]、陆游等人的经营，罨画池的园林格局大体奠定，并成为蜀中名胜。后来，人们在罨画池旁修建了以纪念赵抃、陆游两人为主题的“赵陆公祠”，后改称“二贤祠”。再后来，赵抃被淡忘，于是有了现在园中的“陆游祠”。

对于天府文化的整理、传承而言，赵抃却是最不该为成都人民所遗忘的。

赵抃（1008—1084），字阅道，号知非子，衢州西安县（位于今浙江省衢州市境内）人。北宋景祐元年（1034）进士，任武安军（今属河北省）节度推官、崇安（今属福建省）知县、泗州（今属安徽省）通判等职。嘉祐元年（1056），出知睦州（今属浙江省），移梓州路⑨转运使，旋改知益州。又召为右司谏⑩，因论事而出知虔州（今属江西省）。英宗即位，奉命出使契丹，还，进河北都转运使。治平元年（1064），出知成都。神宗立，以知谏院召还，旋又擢为参知政事、资政殿大学士。熙宁三年（1070），因反对青苗法⑪去职。历知杭州、青州（今属山东省）、成都、越州（今属浙江省），复徙杭州。元丰二年（1079），以太子少保致仕。赵抃一生为官廉洁正直，弹劾不避权贵，人称“铁面御史”，谥号“清献公”，赠太子少师。除了《成都古今集记》三十卷之外，他还有《清献集》十卷传世。

大约到明万历时，《成都古今集记》全书已散佚无存，因被众多古籍征引、节录，才有零圭断璧流传至今。下面我们就收残拾坠，钩玄提要，看看它跟卢求的《成都记》有何异同之处。

开篇不从古蜀王时代起，这是《成都古今集记》与卢求《成都记》最明显的不同。赵抃在序言中解释道：“不始乎蚕丛，而始乎《牧誓》之庸蜀，从经也。”此经即儒家正经《尚书》，其中《牧誓》一篇提及“庸、蜀”二古国。和《战国策》《史记》等文献并称“巴蜀”、连言“苴蜀”相类，

“庸、蜀”之蜀也指四川。北宋庆历以后，怀疑主义思潮大兴，“繇庆历至今，四入蜀”的赵抃应该多少也受了点影响，所以信《书》经而疑《蜀王本纪》，他说：“扬雄纪之，吾弃之，不可也，参取之而已矣。”《儒林外史》称四川为“蚕丛之境”，也并非无原无本，完全可以参考酌取，聊备一格。

成都，蜀之都会，土地沃腴，物产阜繁，曾有所谓“十色花笺”或“十样蛮笺”流行一时。这些笺纸具体有哪十种颜色呢？《成都古今集记》载：“蜀笺十样，曰深红，曰粉红，曰杏红，曰明黄，曰深青，曰浅青，曰深绿，曰浅绿，曰铜绿，曰浅云。又有松花、金沙、流沙、彩霞、金粉、桃花、冷金之别，即其异名。”相传唐元和年间（806—820），元稹使蜀，薛涛造十色彩笺相寄，元稹选用松花笺，在其上题诗，以回赠薛涛。

成都，“百姓浩丽，见谓天府”[12]，每月都有固定的集市以供群众交易其林林总总的物资。《成都古今集记》详其名目云：“正月灯市，二月花市，三月蚕市，四月锦市，五月扇市，六月香市，七月七宝市，八月桂市，九月药市，十月酒市，十一月梅市，十二月桃符市。”其中蚕市又与蜀王蚕丛有关，宋人祝穆说：“成都，古蚕丛氏之国，其民重蚕事。”所以成都蚕市相当鼎盛，不仅仅只在三月举行。

郫，蜀之县，蜀王杜宇所都，今称郫都区，以“郫县豆瓣”闻名遐迩，古时则以“郫筒酒”为特产。这酒如何生产，如何包装，《成都古今集记》说得很详细：“郫人刳竹之大者，倾春醲于筒，苞以藕丝，蔽以蕉叶。信宿，馨达于林外，然后断之以献，俗号‘郫筒酒’。”它的发明者相传是“竹林七贤”之一的山涛。山涛曾入蜀治郫，采当地竹管酿酴醾作酒，兼旬方开，香闻百步。唐之杜甫、李商隐等人都曾写诗赞美，可惜至宋就失传了。范成大说：“截大竹，长二尺以下，留一节为底，刻其外为花纹。上有盖，以铁为提梁，或朱，或黑，或不漆，大率挈酒竹筒耳。《华阳风俗记》所载，乃刳竹倾酿，闭以藕丝蕉叶，信宿，馨香达于外，然后断取以献，谓之‘郫筒酒’。观此，则是就竹林中为之，今无此酒法矣。”《成都古今集记》这段大概也是抄录自《华阳风俗记》。

都江堰，川西之奇功，“蜀人矜夸一千载，泛滥不近张仪楼”。此楼曾是成都城的地标建筑，《成都古今集记》亦有描述：“张仪楼，高百尺。初，仪筑城，虽因神龟，然亦顺山之形，以城势稍偏，故作此楼，以定南北。”这只是传说，不足为凭，但成都却因此多了一个“龟化城”的别名。

成都的先贤遗宅中，扬雄宅颇为知名。赵抃记载：“成都县南百步，有严君平、司马相如、扬雄宅，今草玄亭余迹尚存。扬雄宅，后置宝园寺，今为官亭，有墨池在焉。”此段乃我们整合《太平御览》卷一百八十、《说郛》卷六十二所引《成都古今集记》之文而成。扬雄的故乡在郫县，但他的故居却在成都市区。其位置究竟在何处，说法不一，加之代有兴废，要搞清楚它的来龙去脉，可参看《成都城坊古迹考（修订版）·杂考篇》第三章第五节，兹不赘。

四川盆地在远古时代是大海，成都老西门外之石笋街附近有一地，名唤“海眼”。赵抃说它“距石笋二三尺，每夏月大雨，往往陷作土穴，泓水湛然。以竹测之，深不可及；以绳系石而投其下，愈投而愈无穷。凡三五日，忽然不见。嘉祐春，牛车碾地忽陷，亦测而不能达。父老云见此多矣，此亦甚异者，故有海眼之说云”。在此之前，杜甫有诗也写到过海眼，可见父老之言不虚，成都真是一个不乏奇迹的妙处。

备注:

① 因才高名重受人荐举，而被征召授以职位。

② 作于咸通二年（861）。

③ 见《全唐诗》卷五百十二。

④《成都文类》卷二十三题为《唐成都记序》，下文称《成都记·序》。

⑤ 孝武帝即汉武帝，东西两汉除高祖和光武帝外，所有皇帝的谥号前都冠有一个“孝”字，意在强调孝治天下。

⑥《华阳国志·蜀志》对都江堰之外的李冰行迹有详述，可参看。

⑦ 这个水怪即前面所谓“江神”，有时呈现蛟龙的模样，有时又化身为苍牛，反映的现实是：先秦的岷江水苍色如牛、汹涌如龙。

⑧ 苏辙之族孙。

⑨ 北宋咸平四年，即公元1001年，分成都西川路，置“成都益州路”“广元利州路”；分奉节峡路，置“奉节夔州路”“三台梓州路”。

⑩ 掌讽谕规谏，凡朝廷阙失，大事廷诤，小事论奏。

⑪ 亦称“常平新法”，是王安石变法的措施之一。

⑫ 范百禄《〈成都古今集记〉序》。

杜甫的成都岁月

众筹建草堂

太阳还是那轮太阳，但余晖照耀的山川和行人的装扮却跟中原大异其趣。下弦月已经升上来了，在群星的掩映下，显得略微有些黯淡。揽辔打马，穿过高耸的城堞，就是成都府了。扬州富庶甲天下，成都次之，时人有谚，谓之“扬一益二”。进了成都城，果然名不虚传。一路上民居华美，树木苍翠，鸟雀入睡前的聒噪声，街巷坊肆间的笙箫声，不绝于耳，真不敢相信这已是季冬之末。日夜兼程将近一个月，人困马乏，接近崩溃边缘，还好这趟自陇右远赴剑南之行总算平安抵达目的地了，收起茫茫乡愁，杜甫长舒了一口气：“自古有羁旅，我何苦哀伤？”露浓，风急，木石滑，手脚寒，诸如此类的羁旅之苦，古往今来俱如此，自己又何必哀伤不迭呢？

既来之，则安之。在短暂的寺庙寄居生活之后，杜甫着手准备在成都西门外浣花溪畔自建一座房子，以便安顿一家老小和自己那颗辛苦漂泊的心。拿他的话说，就是“营草堂”“营茅屋”，或者文艺一点——“营茅栋”。无论华屋广厦，还是茅栋草堂，只要想动工营造，都得花钱。正因战乱不止、走投无路，才决心入蜀卜居的。此时此际，他这个自嘲是“囊空恐羞涩，留得一钱看”的“饥愚人”，哪里还有什么建造屋舍之赀呢？虽然下了决心，想努力摆脱“故人供禄米，邻舍与园蔬”的窘境。但是完全没有亲友的帮助，一个游子要在异乡尽快开始自给自足的新生活，又谈何容易！

先是成都的东道主[①]在“浣花溪水水西头”为他选了一块林塘幽美的宅基地，紧接着官居司马的表弟王十五前来看望，并特意留下一笔钱财，让正在发愁的老杜喜出望外。他不但铭感于心，嗣后还作韵语以记之：“客里何迁次，江边正寂寥。肯来寻一老，愁破是今朝。忧我营茅栋，携钱过野桥。他乡唯表弟，还往莫辞遥。”此诗之题表达得更为直接——《王十五司马弟出郭相访，兼遗营茅屋赀》。这样一来，焦额燃眉之急可解，迁居次舍之愿可成。

采椽，架梁，铺茅，当然远远不够。宁可食无肉，不可居无竹。无肉令人瘦，无竹令人俗。于是，杜甫《从韦二明府续处觅绵竹》：“华轩蔼蔼他年到，绵竹亭亭出县高。江上舍前无此物，幸分苍翠拂波涛。”韦续，家里排行老二，官居明府，也就是绵竹县县令。该县特产一种竹子，名曰绵竹，其皮似绣，有如斑竹。华轩指韦署，其间绵竹蔼蔼，出县之梢更是映波加翠，老杜借口舍前无此物，便分了几株移栽在草堂之外。

光有竹子，还不完美。“草堂堑西无树林，非子谁复见幽心？饱闻桤木三年大，与致溪边十亩阴。”堂西夕照，夏天很热，老杜便想得木成阴，所以又厚着颜面《凭何十一少府邕觅桤木栽》。子指何邕，他当时是利州绵谷县县尉，排行十一，故称少府。桤木，也是蜀中特产。《蜀中记》载：“玉垒以东多桤木，易成而可薪，美阴而不害。”《益部方物记》亦云：“民家莳之，不三年可为薪，疾种亟取，里人利之。”它成长周期快，既是烧火之良材，又是遮阴之嘉木，难怪杜甫要一气栽上十亩。

不啻如此，杜甫还向《萧八明府实处觅桃栽》，到石笥街中《诣徐卿觅果栽》，“不问绿李与黄梅”，反正多多益善。最让老杜耿耿于怀的是《凭韦少府班觅松树子栽》，这些松树虽然经过精心移植，在草堂却只存活了四株。他以后浪游川北时，还念念不忘这四棵新松：“新松恨不高千尺，恶竹应须斩万竿！”一旦重返草堂，看见万竹扶疏而四松犹在，而且已然“离立如人长”，他真是掩饰不住那由衷的高兴。难能可贵的是，韦班韦少府不仅仅送松树给杜甫，还给了他一些质地轻坚、色胜霜雪的瓷碗。这些白碗产自大邑，以指叩击之，其声凄清如玉。

凭借这些友情赞助，经过几个月的费心打造，一座“桤林碍日吟风叶，笼竹和烟滴露梢。暂止飞乌将数子，频来语燕定新巢”的草堂院落就算大功告成了。与此同时，院落当然还引来了周边群众的围观，正所谓“旁人错比扬雄宅”，扬宅又称“草玄堂”，与“草堂”只有一字之差，取义却大相径庭。对于这谬赞，杜甫表面上“懒惰无心作《解嘲》”，心底却是默许而窃喜的。然世事变幻无常，如此苦心经营、情谊满屋的草堂，老杜真正安居其中的岁月却短得可怜，“仅阅岁而已”。但草堂之名，与其山川草木，却皆因杜诗而千载不朽，此盖诗人之不幸，而其堂屋草木之幸也。

为青城山代言

草堂建成的翌年，即唐肃宗上元二年（761），杜甫五十岁。等米下锅的他开始向时任彭州刺史的高适哭穷求救：“百年已过半，秋至转饥寒。为问彭州牧，何时救急难？”秋天到了，本是收获之时，应该免于饥寒才对，而频繁出入幕府的杜甫，却依然挣扎在温饱线上：“入门依旧四壁空，老妻睹我颜色同。痴儿未知父子礼，叫怒索饭啼门东。”这种久在樊笼里看妻儿脸色过活的日子真是够了，一天，他骑马出了成都城，向青城县散心去了。青城县乃蜀州之属邑，位于成都之西，因青城山而得名。近观岷江之水滔滔，远望岷山之雪皑皑，穿过竹林覆盖的小径，吃了开裂落地的板栗，老杜诗兴大发，游兴大增，心情一下子就好了。

这些情形可不是胡诌，皆有杜诗为证：“老耻妻孥笑，贫嗟出入劳。客情投异县，诗态忆吾曹。东郭沧江合，西山白雪高。文章差底病，回首兴滔滔。”“野桥齐度马，秋望转悠哉。竹覆青城合，江从灌口来。入村樵径引，尝果栗皱开。落尽高天日，幽人未遣回。”前一首题为《赴青城县出成都寄陶王二少尹》，后一首名叫《野望因过常少仙》。

显然，此“异县”就是青城县。“东郭沧江合”“江从灌口来”均指岷江，流经都江堰滚滚而下。“沧”借为“苍”，对“白”而言，状江水之绿。“西山”即岷山，杜甫有三首五言古诗直接以《西山》为题，并在题下自注：“即岷山，捍阻羌夷，全蜀巨障。”将包括青城等名山在内的岷山称作“西山”，较早见于东晋蜀郡江原县小亭乡（今崇州市三江镇）人常璩的《华阳国志·蜀志》“帝升西山隐焉”。时至今日，都江堰市民仍有人称青城山道符为“西山字”。唐太宗贞观十五年（641），朝廷与吐蕃联姻通好，灌口（今都江堰市）、松州（今松潘县）道路畅通，成为重要商道，名为“西山道”（今松茂古道）。这个“西山”指的也是南北逶迤711公里的岷山，它北起甘肃东南岷县南部，南止四川盆地西部的峨眉山，从松潘县到都江堰市的只是其中一段，“西山白雪高”又只是今都江堰市、古灌口境内的一段而已。这“栗”，注家认为是天师栗。《益部方物赞》：“天师栗，生青城山中，他处无有，似栗，味美，以独房为贵，久食已风挛。”风挛是由风湿引起的手足挛屈病症，长期食用天师栗，可望治愈。“皱”当作“皴”，皮裂也。皮指板栗的壳斗，呈球形，有刺如猬，内藏坚果2至3个，成熟时壳斗开裂，坚果露出，即板栗。天师栗以独房为贵，则指其壳斗内只藏有1个坚果，极为饱满难得。

辞别常少仙，杜甫一鼓作气登上了丈人山。此山在青城县西北三十二里处，汉晋时属江原县，唐时属蜀州。传说能积火自焚、随烟气上下自如而不被烧伤的宁封先生曾诗意地栖居在青城山之中，后来黄帝筑坛，拜他为师，尊称其为“五岳丈人”。青城山也因此有了“丈人山”之美誉。又有一说：黄帝“封青城山为五岳丈人，乃岳渎之上司、真仙之崇秩”。山间迤逦而上的红色石梯，梯旁一路蔓延至山顶的茂绿草木，都给杜甫留下了非常深刻的印象。可以说，杜甫是个超级的植物迷。记得两年前的隆冬，他刚进成都府时，也特别关注到了那些异于中原的植被而写下了“季冬树木苍”之句。

对于这次的游山，老杜写下了著名的《丈人山》：“自为青城客，不唾青城地。为爱丈人山，丹梯近幽意。丈人祠西佳气浓，缘云拟住最高峰。扫除白发黄精在，君看他时冰雪容。”青城山实在是太美太干净了，都不忍以唾沫污染它。“为爱丈人山，丹梯近幽意”两句是全诗之眼，1938年广东中山人杨子毅在山上留有《无题》一诗，其开头“为爱青城天下幽”七言即由此脱胎而出。“青城天下幽”长期以来成了青城山的广告和口碑，但拈出一个幽字来概括青城之主要特点，杜甫算是第一人。其后陆游用“穷幽行荦确”“坐观山水气幽清”等句来形容青城，也不过是踵其事而增华。然仅凭一个“幽”字，并不足以统摄偌大一座名山的千姿百态。在杨子毅题诗的同一年里，江苏武进人吴稚晖撰文解释说：“顾青城在亦雄亦奇亦秀外，而其幽邃曲深，似剑阁、三峡、峨嵋皆无逊色。故以天下幽标明青城特点。”此话讲得就比较中肯。《抱朴子》记载：青城山上“生芝草，可以避大兵大难，不但于中以合药也。若有道者登之，则此山神必助之为福，药必成。”不止此也，该山上还长着黄精草。为何叫黄精？《抱朴子》曰：“昔人以本品得坤土之气，获天地之精，故名。”常食此草，据说能够扫除白发，最终让人蜕变成肌肤若冰雪的神仙。于雄、秀、幽之外，这应该就是青城之奇了，难怪初来乍到的老杜竟产生了“拟住最高峰”的念头。

备注：

① 极有可能即是当时的成都尹、剑南川西节度使裴冕。

唐僧“出国留学”前的成都生活

成都虽然没有“四百八十寺”，但有的建寺年代却早于南朝。历史上，对成都文教事业、民众素质影响深远的两个机构是文翁石室与尊经书院，书院的前身是石牛寺，寺的前身是圣寿寺。该寺一说“建于东汉”，但缺乏实证。一说原为晋人王羽的宅子，叫作“金渊精舍”。后舍为寺，改名“龙渊”。殿中有水眼如井，说是与海相通，所以总以“渊”为名。东晋高僧慧远之弟慧持入蜀，就住在里面。唐初为避李渊之讳，又改名“空慧寺”。会昌年间（841—846），由于武宗灭佛，此寺被废。大中元年（847），李回重建，临摹万里桥南于807年奉敕建立的“元和圣寿寺”匾额上唐宪宗御书的“圣寿寺”三字作为新的寺名。

据唐释道宣《续高僧传》及唐沙门慧立、释彦悰《大慈恩寺三藏法师传》记载，玄奘住过空慧寺，且在寺中受戒。

隋朝末年，天下沸腾，东都洛阳炀帝御建的四大道场自然也供给不继，散了伙，名僧们大多西去。一时之间，四川成了法师云集之地。于是，年仅十几岁的出家人陈祎对他那志同道合的二哥说：“此无法事，不可虚度，愿游蜀受业焉。”二哥听从了这句识时务的建议。兄弟俩经秦岭子午谷入陕西，在南郑停留了一个多月，然后才向成都进发。

此时的成都已荟萃了诸位大德，开设了气派的法筵。由于地处盆地之中、平原之上，比起天下的饥乱来，这里无疑是一个丰饶宁静的宝地，所以四方僧侣投奔者一天比一天多，去听佛学讲座的常常都保持在数百人左右，其中自然少不了陈祎。他勤学上进，两三年间就精通了各部经典，在吴、蜀、楚三地都出了名。而他的二哥住在空慧寺里讲经，也颇有芳声。唐高祖武德五年（622），陈祎刚过完了自己二十岁的生日，便在空慧寺里受具足戒，取得了正式僧人的资格，法名玄奘。随后，开始了整个夏季长达三个月的坐禅，并全面地学习戒律。

在成都繁忙而枯燥的学佛之余，玄奘也有过一次奇遇。他曾见到一个病号，衣衫褴褛，又脏又臭不说，还长满了脓疮。玄奘却大发慈悲，将他带到了空慧寺里，并施舍了购置衣服饮食的费用。那个病号感动极了，便向玄奘传授了《心经》。

因为时常诵习，这部短短的《心经》在玄奘的取经途中还帮了他很大的忙。传说玄奘独自负笈西行，到了莫贺延碛时，只见黄沙无垠，眼前还出现了各种恶鬼，环绕前后，挥之不去，念观音菩萨的圣名也毫不管用，遂就改口背出《心经》来，刚一发声，千奇百怪便踪影全消了。险情能得以化解，还真得感谢那位成都病号呢。

河南人陈祎之所以能成为唯识宗祖、三藏法师而“名倾中外，孰不识荆，声震公卿，咸为说项”，与他在成都的学习生活紧密难分。可惜吴承恩的小说《西游记》只字不提这段重要的时期，而我们所掌握的资料又不多，甚至还有错漏，只好暂时根据玄奘弟子的回忆录写出这篇短文，权作引玉之砖罢了。

陆游和青城山道士

南宋孝宗淳熙元年（1174）以前，越州山阴（今浙江绍兴）人陆游只从书卷里获悉四川西南方有一座青城山。他曾自述：“余读五岳之书，始知蜀之青城。”此时，他对青城山的了解尚超不过诸如“天下名山惟华山、茅山、青城山无僧寺”“上皆生芝草，可以避大兵大难，不但于中以合药也。若有道者登之，则此山神必助之为福，药必成”之类的理性陈述。

直至淳熙元年仲冬时节，陆游才第一次登上青城，对该山有了全方位的感性认识和人文关照：“岁癸巳之仲冬，天畀予以此行。极山中之奇观，乃税驾乎云扃。挹瀑泉之甘寒，味芝术之芳馨；濯肺肝之尘土，凛毛骨其凄清。乃步空翠之间，而听松风之声。睹一童子，衿佩青青，手持异花，六出其英；以为薝卜则色丹，盖莫得而强名。方就视而慨叹，已绝驰而莫及。忽翘首而清啸，犹举袂而长揖，援修蔓而上腾，擘层壁而遽入，倏变灭于转盼，久惝恍而伫立。有老道士笑而语予：

‘人皆可以得道，求诸己而有余。顾舍是而外慕，宜见欺于猿狙。’嗟予好学而昧道，有书而无师，虽粗远于声利，实未免乎喜奇。请书先生之言，用为终身之规。”“癸巳”乃“甲午”之误，岁甲午即淳熙元年[①]。

在这次登山途中，陆游接触到了第一位青城山道士。绝妙的是，猿狙变成一个童子，手持形似薝卜、“清香如梅”的六瓣红栀子花，把好学喜奇的陆游引到了老道士的面前。老道士将玄之又玄的“道”喻作那朵异花，认为陆游追慕花的行为是“舍己外求”，最终不光会被一只猴子欺骗，还得不了道。一席话让陆游感慨良多，他把道士视作自己的老师，更准备记取道士之言当终身的行为规范。

恐怕就是因为这场奇遇，陆游后来又屡次拜访了青城这座道教祖庭，结交了许多黄冠道友。其中被陆游常常提起的要算所谓上官道人：“青城山上官道人，北人也，巢居，食松麨，年九十矣。人有谒之者，但粲然一笑耳。有所请问，则托言病聩，一语不肯答。”这粲然一笑给陆游留下了难以磨灭的印象，“轻别青城十二年”后仍念念不忘：“欲与公为尘外侣，几时身上峡中船。世间牛蚁何劳问，输与云窗一粲然。”诗末自注：“上官常称病愦，对客一笑而已。”

然而当陆游在丈人观道院初晤他时，他却大开金口：“忽自语养生曰：‘为国家致太平，与长生不死，皆非常人所能。然且当守国使不乱，以待奇才之出；卫生使不夭，以须异人之至。不乱不夭，皆不待异术，惟谨而已。’”陆游听罢“大喜，从而叩之，则已复言聩矣”。尽管这样，陆游已经比寻常的客人幸运多了。上官的守国养生论标揭出一个“谨”字，正好是那位老道得道当“求诸己”之说的注脚，“求诸己”只是大的方向，而“谨”已是具体的方法了。倘若有空翻翻《剑南诗稿》，我们还能碰到《予顷游青城数从上官道翁游暑中忽思其人》等深情力作，可见陆游跟上官道人的交谊非浅。

在青城大面山还憩息着两位行踪不定的著名隐士，陆游往往通过上官道人或题壁寄怀的方式与之神交：“一曰谯先生定，字天授。建炎初，以经行召至扬州，欲留之讲筵，不可。拜通直郎直秘阁致仕。今百三十余岁，巢居崄绝，人不能到。而先生数年辄一出，至山前，人有见之者。其一曰姚太尉平仲，字希晏。靖康初，在围城中，夜将死士攻贼营，不利，骑骏骡逸去。建炎初，所在揭榜，以观察使召之，竟不出。淳熙甲午乙未间，乃或见之于丈人观道院，亦年近九十，紫髯长委地，喜作草书。盖皆得道于山中云。”

他俩的高风亮节始终令陆游景仰钦慕不已，先是托上官道人《寄谯先生》：“寄谢谯夫子，今年一出无。万缘随梦断，百念与形枯。云护巢松谷，神呵煅药炉。凭高应念我，白首学征租。”再是《托上官道人寄姚太尉》：“太尉关河杰，飞腾亦遇时。中原方荡覆，大计易差池。素壁龙蛇字，空山虎豹姿。烟云千万叠，求访固难知。”无须读者目击而身履当时当地，即可揣摩出那字字肺腑、句句云烟。

陆游在蜀中度过了整整八个春秋之后，在客枕上依然能梦见青城山奇异的花草、高致的林泉，那一杯松屑、两卷丹经、几位道友无形里已化为了他逆旅中的慰藉，如此贴心，如此动情！

备注：

① 详考见《放翁词编年笺注（增订本）》P62。

陆游：骑驴入天府，携琴游成都

在家闲居三年之后，陆游被任命为夔州（今重庆奉节）通判。宋孝宗乾道六年（1170）初夏，他拖家带口由故乡动身，向四川进发。一路上多看勤写，到达夔州时，已完成了一部散发着墨香的六卷本文化苦旅之书《入蜀记》。乾道八年（1172）正月，陆游离开夔州；三月，抵达南汉（今陕西汉中），在四川宣抚使司王炎幕中任干办公事兼检法官，过了八个月金戈铁马的生活；十一月，赴成都府安抚司任参议官，这是个没有具体公务的“冷官”，让时年四十八岁的他倍感报国无门，满腹苦闷。

到成都之前，经过剑门关，陆游题诗一首：“衣上征尘杂酒痕，远游无处不消魂。此身合是诗人未，细雨骑驴入剑门。”宿醉攻心，冷雨敲脸，陆游颇为不甘，上马击狂胡、下马草军书的理想再次落空，此生难道就只能做一个骑驴诗人了？如果说火车是近现代文人出行首选的交通工具，那么驴子就当仁不让地成了古代诗人的最佳坐骑。孟浩然常冒雪骑驴寻梅，李白骑驴过华阴，李贺常带着小奚奴骑驴觅句，郑綮的诗思在灞桥风雪中的驴子背上。这些都是陆游的前辈，也都不甘只做一个诗人。

不过话说回来，冷也有冷的好处，陆游说：“冷官无一事，日日得闲游。”成都街多景美，足够他闲逛游赏的了。比如成都的交通工具，便给陆游留下了别致的印象：“成都诸名族妇女出入皆乘犊车”，犊车即牛车。《晋书》记古之贵者不乘牛车，自汉灵帝、献帝以来，天子至士庶遂以为常乘。所以，牛车宋时能成为成都贵妇的标配，也并不奇怪。而这些犊车中之豪奢者要数“城北郭氏车最鲜华，为一城之冠，谓之‘郭家车子’。”巧了，今天的成都话仍称车为“车子”。

香车之外，自然少不了宝马——“青丝金络白雪驹，日斜驰遣迎名姝。”这系着青丝、套着金络的白马拉来的则是成都有名的欢场美女，陆游这样描述：“燕脂褪尽见玉肤，绿鬟半脱娇不梳。吴绫便面对客书，斜行小草密复疏；墨君秀润瘦不枯，风枝雨叶笔笔殊。”这位美女不但有貌，而且有才。你看她面对客人，当场在吴绫做成的扇子上写字，一行行小字草书疏密相间，斜斜的墨迹秀丽丰润，笔画虽细却不枯涩，如风中之枝、雨中之叶，千姿百态，笔笔不同。成都乃至整个四川，向来就盛产美女。明人李昌祺《剪灯馀话》称“蜀中山水奇胜，自昔以来多产佳丽，若昭君、文君、薛涛辈”，清人王培荀《听雨楼随笔》亦大赞四川“灵奇秀异之气钟于文人，闲毓美女：丽若文君，狡若武后，妖若玉环，才若花蕊，传播古今”。这位宋代的玉肤名姝，虽然不能像王昭君、卓文君、薛涛、武则天、杨玉环、花蕊夫人一样留名青史，其迷人之风采，却也托陆游《成都行》之福而传播至今了，不可谓不幸运。

提起花蕊夫人，就绕不开她的蜀宫生涯和她曾经泛舟避暑的摩诃池。这池其实是个“人工湖”，最早出现在隋文帝开皇年间。唐人卢求《成都记》载：“隋蜀王（杨）秀取土筑广子城，因为池。有胡僧见之曰：‘摩诃宫毗罗。’盖摩诃为大，宫毗罗为龙，谓此池广大有龙，因名摩诃池。”在梵文中，摩诃是大的意思，宫毗罗是极畏的意思（“那迦”才是龙），所谓“摩诃宫毗罗”相当于”大得好吓人。《成都记》虽然保留了这句话的汉字译音，但并未完全弄懂其原始含义。前蜀时，此池向北扩展至今正府街一带。宋代有所缩小，仅相当于隋唐原来面积。乾道九年（1173）春，淳熙二年（1175）夏，陆游也慕名去看了这“摩诃古池苑”。“蜀宫中旧泛舟入此池，曲折十余里。今府后门虽已为平陆，然犹号水门。”陆游如是说，言下不胜今昔之感。光过眼瘾还不够，还得抒写文字以为异日之券。他不但深情写下《摩诃池》《夏日过摩诃池》等诗，还填有《水龙吟·春日游摩诃池》一词。词曰：“摩诃池上追游路，红绿参差春晚。韶光妍媚，海棠如醉，桃花欲暖。挑菜初闲，禁烟将近，一城丝管。看金鞍争道，香车飞盖，争先占、新亭馆。　　惆怅年华暗换。点销魂、雨收云散。镜奁掩月，钗梁拆凤，秦筝斜雁。身在天涯，乱山孤垒，危楼飞观。叹春来只有，杨花和恨，向东风满。”2014年，摩诃池遗址被考古发现，人们才再次翻出了陆游的这些诗词，无不慨而叹之：“年光走车毂，人事转萍根。”

宋时，成都的花最多最好最著名的是海棠。宋人宋祁《益部方物略记》一度盛赞："蜀之海棠，诚为天下奇艳。"陆游的顶头上司范成大甚至说："只为海棠，也合来西蜀。"陆游对成都海棠更是爱得发了狂。其《成都行》在写名姝之前，即云："成都海棠十万株，繁华盛丽天下无。"这毫不夸张，且与官方的口径高度一致，《太平寰宇记》载："成都海棠树尤多繁艳。"可见成都海棠果真是名不虚传。上引词句"海棠如醉"，醉的也不是花，而是人，这人就是陆游自己。淳熙三年（1176）春，陆游遍游成都诸家园林后，曾如此表白心迹："为爱名花抵死狂，只愁风日损红芳。绿章夜奏通明殿，乞借春阴护海棠。"为了保护名花海棠免受风吹日晒，他甚至想向玉帝上奏折，请求多多赐予成都阴云天气。

海棠之外，成都更多的是大石文化遗迹。古蜀国素有崇拜大石的传统，这与蜀王族祖先卜居岷江上游时的生存环境密切相关，因为那里多高山大石。今天成都市区有支矶石街、石笋街、天涯石街、五块石等地名，则是古蜀人遗留在成都城内的大石文化遗存。陆游也见过其中一些。他在《老学庵笔记》卷五中如此记录："成都石笋，其状与笋不类，乃累叠数石成之。所谓海眼，亦非妄。瑟瑟，至今有得之者。"这完全可移作杜甫《石笋行》"君不见益州城西门，陌上石笋双高蹲。古来相传是海眼，苔藓蚀尽波涛痕。雨多往往得瑟瑟，此事恍惚难明论"云云的注脚。秦蜀郡守李冰治水时雕造的五头石犀之一，淳熙四年（1177）七月，陆游也在成都看到了，他还对它做了详细的描述："石犀在庙之东阶下，亦粗似一犀。正如陕之铁牛，但望之大概似牛耳。石犀一足不备，以他石续之，气象甚古。"除此之外，他还以《杂咏》诗补充道："石犀庙壖江已回，陵谷一变吁可哀。即今禾黍连云处，当日帆樯隐映来。”陆游总是这般多愁善感。

成都没有什么，陆游虽然只是一个暂住者，也照样一清二楚。他在《老学庵笔记》卷五中对唐人提出批评：“张文昌《成都曲》云：‘锦江近西烟水绿，新雨山头荔枝熟。万里桥边多酒家，游人爱向谁家宿？’此未尝至成都者也。成都无山，亦无荔枝。苏黄门诗云：‘蜀中荔枝出嘉州，其余及眉半有不。’盖眉之彭山县已无荔枝矣，况成都乎？”这个驳斥让人想起苏黄门的哥哥苏东坡的名言：“事不目见耳闻，而臆断其有无，可乎？”

南宋时成都的天气，成都的方言，成都的名胜，成都的民俗，事无巨细，陆游几乎都做过生动而准确的记录。我们今天研讨“天府文化”，陆游的作品绝对是绕避不开的一个重镇、挖掘不尽的一个宝库。

范成大与成都

（上）乘吴船游览蜀都美景

“两个黄鹂鸣翠柳，一行白鹭上青天。窗含西岭千秋雪，门泊东吴万里船。”祁祁早春之际，萋萋草堂之内，杜甫眺望着这番迟迟淑景，胸次之开阔，心情之舒畅，可想而知。“千秋雪”与“万里船”相对：一言时间之久，思接千载；一言空间之广，视通万里。成都西边的岷山之巅终年积雪，晴日里即可于平原上遥见。此为“千秋”实的一面。虚的一面则指成都建城史：从战国始，到唐已悠悠千载。“万里”一词亦然，也分虚实。自蜀至吴，万里之遥，此是写实。舳舻万里，旌旗蔽空，日夜往来于吴蜀之间，虽不可一览无遗，却可凭目前之见以推知全程之状。而在南宋平江吴郡（郡治在今江苏吴县）人范成大看来，“万里”也能虚指万里桥。成都之北郊南郭，有两座享誉千古的古桥，遥遥相对。北者曰驷马桥，因司马相如而得名。南者曰万里桥，因诸葛孔明而得名。

宋孝宗淳熙四年（1177），范成大从四川制置使兼成都知府的岗位上被召还，五月由成都起锚，取水路东下，沿岷江，穿三峡，于十月抵临安（今浙江杭州），随日记录所阅历者，取“门泊东吴万里船”句意，著成《吴船录》一书。书中对沿途名胜古迹如青城山、都江堰、峨眉山、乐山大佛、长江三峡、洞庭湖、赤壁、黄州、庐山等记载尤详，且时加考证。今次，我们只谈谈有关天府成都的部分章节。

一开篇，《吴船录》即提到成都的地标建筑——合江亭和万里桥：“石湖居士以淳熙丁酉岁五月二十九日戊辰离成都。是日，泊舟小东郭合江亭下。合江者，岷江别派自永康离堆分入成都及彭、蜀诸郡合于此。以下新津，绿野平林，烟水清远，极似江南。亭之上曰芳华楼，前后植梅甚多。故事：腊月赏梅于此。管界巡检在亭旁。每花开及三分，巡检司具申一两日开燕，监司预焉。蜀人入吴者，皆自此登舟。其西则万里桥，诸葛孔明送费祎使吴，曰：‘万里之行始于此。’后因以名桥。杜子美诗曰：‘门泊东吴万里船。’此桥正为吴人设。余在郡时，每出东郭过此桥，辄为之慨然。”黯然销魂者，唯别而已。万里桥因送别而著名，所以石湖居士范成大每次经过都会慨然兴叹。诚如他的唐代老乡陆肱《万里桥赋》所云：“古来几许行人，曾游此路，跨绿岸以长存，俯清流而下注，宁为杂足之所，莫问伤心之故。”宋代，合江亭继万里桥之后成为又一饯别之所，吴人范成大万里舟行即肇始于斯。腊月成都人于合江亭赏梅之俗，又见范成大《雨后东郭排岸司申梅开方及三分戏书小绝令一面开燕》之诗：“雨入南枝玉蕊皴，合江云冷冻芳尘。司花好事相邀勒，不著笙歌不肯春。”千年以降，如今合江亭变成了成都人结婚游行必到之胜地，大约取二江合流、百年好合之意，倒是古人所不敢逆料的变化。

同年六月，范成大到了郫县，遭遇了群众的围观："观者塞途，皆严装盛饰，帟幕相望，盖自来无制帅行此路者。自是而西，州县皆然。"他看见："郫邑屋极盛，家家有流水修竹，而杨氏之居为最。县圃大竹万个，流水贯之，浓翠欲滴。"让人想起明代地理学家王士性《广志绎》对成都平原的记载："江流清冽可爱，人家桥梁扉户俱在水上，而松阴竹影又抱绕于涟漪之间，晴雨景色无不可人。"

"未至县二十里，有犀浦镇，故犀浦县，今废，属郫，犹为壮镇。杜子美诗：'南京犀浦道，四月熟黄梅。湛湛长江去，冥冥细雨来。'蜀无梅雨，子美梅熟时经行，偶值雨耳。恐后人便指为梅雨，故辩之。唐玄宗幸蜀，尝以成都为'南京'云。"范成大对杜诗真可谓烂熟于胸，正如其对成都天气的了然。最为巧合的是，范成大的蜀中下属陆游"偶以事至犀浦"，也想起了一句杜诗[①]。而且，对杜子美在成都所赋《梅雨》一诗（上引四句即出自此诗），陆游也有所考辩："今成都乃未尝有梅雨，惟秋半积阴气令蒸溽，与吴中梅雨时相类耳。岂古今地气有不同耶？"

郫县有所谓"郫筒"，据范成大说，其做法如下："截大竹，长二尺以下，留一节为底，刻其外为花纹。上有盖，以铁为提梁，或朱，或黑，或不漆，大率挈酒竹筒耳。《华阳风俗记》所载，乃刳竹倾酿，闭以藕丝蕉叶，信宿，馨香达于外。然后断取以献，谓之'郫筒酒'。观此，则是就竹林中为之，今无此酒法矣。"尽管如此，"郫筒"作为地名却一直保留至今。

过了安德镇，范成大来到了永康军（今都江堰市）。“一路江水分流入诸渠，皆雷轰雪卷，美田弥望，所谓‘岷山之下沃野’者正在此。崇德庙在军城西门外山上，秦太守李冰父子庙食处也。”“岷山之下沃野”一语引自《史记·货殖列传》。崇德庙，即今二王庙之前身。

又一日，范成大登上永康军城西门楼：“其下岷江。江自山中出，至此始盛壮。对江即岷山。岷山之最近者，曰青城山。其尤大者，曰大面山。大面山之后，皆西戎山矣。西门名玉垒关。自门少转，登浮云亭，李蘩清叔守郡时所作，取杜子美诗‘玉垒浮云变古今’之句，登临雄胜。又登怀古亭，俯观离堆。离堆者，李太守凿崖中断，分江水一派入永康以至彭、蜀，支流自郫以至成都。怀古对崖有道观曰伏龙，相传李太守锁孽龙于离堆之下。观有孙太古画李氏父子像。出玉垒关，登山，谒崇德庙。新作庙前门楼甚壮，下临大江，名曰都江。江源政自西戎中来，由岷山涧壑出而会于此，故名都江。世云江出岷山者，自中国所见言之也。李太守疏江驱龙，有大功于西蜀。祠祭甚盛，岁刲羊五万，民买一羊将以祭，而偶产羔者亦不敢留，并驱以享。庙前屠户数十百家，永康郡计至专仰羊税，甚矣其杀也。余作诗刻石以讽，冀神听万一感动云。”成都人民为何要杀羊来祭祀李冰父子呢？朱熹《朱子语类》中有这样一个传说式的诠释：“蜀中灌口二郎庙，当初是李冰因开离堆有功，立庙。今来现许多灵怪，乃是他第二儿子出来。初间封为王，后来徽宗好道，谓他是甚么真君，遂改封为真君。向张魏公用兵祷于其庙，夜梦神语云：‘我向来封为王，有血食之奉，故威福用得行。今号为真君，虽尊，凡祭我以素食，无血食之养，故无威福之灵。今须复封我为王，当有威灵。’魏公遂乞复其封。不知魏公是有此梦，还复一时用兵托为此说？今逐年人户赛祭，杀数万来头羊，庙前积骨如山，州府亦得此一项税钱。”

告别都江堰，范成大又去了青城山。山中照样有画家孙太古的丹青，范成大观后赞其“笔法超妙，气格清逸”。山中桃源式的“老人村”，神奇的“圣灯”，《吴船录》也做了详细的描写。

（中）登青城山，改丈人观为建福宫

自古相传，“蜀都元基青城山上，今之成都，大海之地”[②]。杜甫赋诗亦云：“君不见益州城西门，陌上石笋双高蹲。古来相传是海眼，苔藓蚀尽波涛痕。”在距今几亿年前的石炭纪、二叠纪和三叠纪初期，峨峨青城山还只是森森西海底的沟壑而已。除了麻姑那样能目睹沧桑巨变的神仙，还有青城山出土的石炭纪网络长身贝化石、二叠纪至白垩纪的侧羽叶化石、晚更新世的剑齿象化石，等等，都见证了那场碧海枯、青山出的壮丽全过程。时光荏苒，到了华夏文明登峰造极的唐宋时期，犹如海中翠浪的青城山已有了八大洞、三十六峰、七十二小洞、一百零八景，而且无一不附丽着浓郁的人文气息。

在道教的“洞天福地”系统里，青城山排名“十大洞天”第五。宋真宗时张君房编纂的大型道教类书《云笈七签》卷二十七载：“十大洞天者，处大地名山之间，是上天遣群仙统治之所。”而“第五青城山，周回二千里，名曰宝仙九室之洞天。在蜀州青城县，属青城丈人治之。”因此青城山又称丈人山，唐徐太亨《敕建丈人祠庙碑》云：“夫丈人山者，本青城山，周回二千七百里，高五千一百丈，即道家第五宝仙九室之天矣，黄帝拜为五岳丈人，因以为称。”宋孝宗淳熙四年（1177）六月，范成大在他的出蜀日记《吴船录》中也提到了宝仙九室洞天和青城丈人，原话是：“至青城山门，曰宝仙九室洞天。夜宿丈人观。观在丈人峰下，五峰峻峙如屏，观之台殿，上至岩腹。”

接着，他讲起了丈人的来历以及丈人观改名建福宫的因由：“丈人自唐以来，号五岳丈人储福定命真君。传记略云：‘姓宁，名封。与黄帝同时，帝从之问龙蹻飞行之道。’本朝增崇祠典，与灊、庐皆有宫名，此独号丈人观。先是其徒以为言，余为请之朝。李焘仁父适为礼部侍郎，上议曰：‘按《河图括地象》：岷山之精，上为井络，帝以会昌，神以建福。注曰：昌即庆也。青城实岷山第一峰，会庆又符诞节之名。’乃赐名会庆建福宫。余将入山而敕书适至，乃作醮以祝圣谢恩。”大意是说：丈人姓宁名封，与黄帝同时，曾栖止于青城山中，擅长“乘蹻道”[③]之“龙蹻”。晋葛洪《抱朴子·杂应》曰：“若能乘蹻者，可以周流天下，不拘山河。凡乘蹻道有三法：一曰龙蹻，二曰虎蹻，三曰鹿卢蹻。”宁封简直已与飞仙无异，所以被后世官方封为“五岳丈人储福定命真君”，真君者，仙君也。丈人观乃宁真君道场，观中道人见灊山、庐山上同行的居所都被称为“某某宫”，丈人背景这么显赫，竟然只能称为“观”，很是不服气。这事传到了范成大的耳朵里，范氏也为他们抱不平，便主动上书朝廷。此时，眉州丹棱（今四川眉山市丹棱县）人李焘（字仁父）正好在当礼部侍郎，也引经据典作了附议。其中“岷山之精，上为井络”的含义，可参看《前后〈蜀都赋〉》一文。“帝以会昌，神以建福”，则是言天帝在岷山一带会聚昌盛、建树福祉，诚如三国蜀人秦宓所说：“蜀有汶阜之山，江出其腹，帝以会昌，神以建福，故能沃野千里。”简言之，天帝特别垂青岷山，眷顾蜀地。青城又乃岷山第一峰，自然受益颇多。而最打动皇帝龙心的一点，会昌即会庆，而孝宗的诞辰又叫“会庆节”[④]，恰巧与之吻合。于是，孝宗很快便为丈人观赐名曰“会庆建福宫”。这次，范成大才到青城山门，孝宗的赐名敕书刚好送达，他遂大做法事，用以谢恩祝圣。

六月初四，即范成大五十一岁生日这一天，他进入青城山，再度引起了轰动：“今日，山后老人村耆耋妇子辈闻余至此，皆扶携来观。村去此不远，但过数绳桥。俗称其村曰‘獠泽’，余以为不雅驯，更名‘老宅’。近来盐酪路通，寿亦减。”对此村最早的著录见于苏轼《和渊明桃源诗序》：“蜀青城山老人村，有五世孙者，道极险远，生不识盐醯。而溪中多枸杞，根如龙蛇，饮其水故寿。近岁道稍通，渐能致五味，而寿亦益衰。”不仅这一段，苏氏还在《东坡志林》和《艾子杂说》两书内提及该村。最详细的描述则出自洪迈《夷坚志》丙集卷四，文长，这里就不抄录了。老人村到底在什么位置呢？南宋王象之《舆地纪胜》卷一五一《永康军·景物》条告诉我们“大面山之北有老人村”，又引《崇庆府图经》云“在青城县北一百三十里”，仍然语焉未详。稍后的《方舆胜览》

和明代的《永乐大典》《蜀中名胜记》等书多半是因袭《舆地纪胜》的说法，该村地望照旧不明不白。直至清雍正年间《古今图书集成·山川典》定稿，才有“老人村在灌县西七十里、岷江之南、青城山之西北”这样较为准确的记载，当代学者据此断定其地在今阿坝州汶川县水磨沟境内，今尚存“僚泽关”遗址，悬案总算告了一个段落。据说当初是诸葛亮迁“群獠”⑤于山下，故名獠泽。范成大嫌其不雅驯，有碍民族团结，遂改称为“老宅”，此名也恰好点出了村内多长寿老人的特色。

翌日，范成大“自丈人观西登山，五里至上清宫。在最高峰之顶，以板阁插石作堂殿。下视丈人峰，直堵墙耳。岷山数百峰悉在栏槛下，如翠浪起伏，势皆东倾。一轩正对大面山，一上六十里，有坦夷曰芙蓉平⑥，道人于彼种芎。……夜，有灯出四山，以千百数，谓之‘圣灯’。圣灯所至，多有说者，不能坚决。或云古人所藏丹药之光，或谓草木之灵者有光，或又以谓龙神山鬼所作，其深信者则以为仙圣之所设化也”。“翠浪起伏，势皆东倾”一喻，又见陆游《登上清小阁》诗句“山如翠浪尽东倾”、《将之荣州取道青城》诗句“倚天山作海涛倾”，他和范是上下级，不知谁“抄”谁。芎即川芎，是青城山特产的中药材。在《最高峰望雪山》一诗中，范成大称圣灯为“神灯”。今上清宫附近仍有一“圣灯亭”。现代观点认为，所谓圣灯只是山中磷氧化燃烧的自然景象。

“甲戌。下山五里，复至丈人观。二十里，早顿长生观，范长生得道处也。有孙太古画龙虎二君在殿外两壁上。笔势挥扫，云烟飞动，盖孙笔之尤奇者。殿壁又有孙画《味江龙》一堵。相传孙欲画龙而不知其真。有丈夫过，云：‘君欲识真龙乎？’忽变而夭矫。孙谛视，画得之。视稍久，一目遂眚，即此画也。旧壁宣和间取入京师。临行，道士募名笔摹于新壁，今所存者摹本也。”后来，该摹本又毁于元军入川之战乱。至此，范成大的青城山之行就圆满结束了。

这年春季，范成大在成都少城大病一场，几乎死去，“仅得更生，因来名山禳祭。”原来这才是他登青城的主要目的。那此前他在成都又有何作为呢？

（下）大搞市政工程，惠及锦城百姓

建炎南渡后，宋朝设立了十六路，分别是：两浙东路、两浙西路、江南东路、江南西路、淮南东路、淮南西路、荆湖南路、荆湖北路、京西南路、成都府路、潼川府路、夔州路、利州路、福建路、广南东路、广南西路。路，宋元时代行政区域名。宋代的路相当于明清的省，元代的路相当于明清的府。南宋这十六路之中，维扬（扬州的别称）等江南地区皆在街道上砌砖铺石⑦，而北方和边远地区则多为泥土路，晴天灰尘飞扬，雨天泥泞难行，繁华的成都亦不能排除在外。宋人范謩《砌街记》曰：“天下郡国惟江、浙甓其道，虽中原无有也。太、少二城，坤维大都会，市区栉比，衢隧棋布，而地苦沮洳。夏秋霖潦，人行泥淖中，如履胶漆。既晴，则蹄道辙迹隐然纵横，颇为往来之患。”如此这般，说得稍微有点夸张。范成大《吴船录》卷上载：眉州（今四川眉山市）“遍城悉是石街，最为雅洁”。看来，蜀中虽僻处西陬，也照样有光滑的石砌路面。

太、少二城组成成都一府，位置在中国西南方，西南于八

卦属坤位，故谓之“坤维大都会”。宋人袁说友等编《成都文类》卷十七《赐范成大奖谕诏》“卿远镇坤维”云云，指的也是成都。

范成大远镇成都，时间起始于淳熙元年（1174）。该年十月，他在静江（桂林）知府兼广西经略安抚使[8]任上被任命为敷文阁待制[9]、四川制置使[10]，兼知成都府。翌年正月二十日，他从静江出发，六月七日，抵达成都府。

“走遍人间行路难，异乡风物杂悲欢。”[11]赴任广西途中，范成大著有《骖鸾录》，里面记江西“道上淖泥之浆如油……舆夫行泥中，……跬步艰棘，不胜其劳”，又记湖南“道径粗恶……坳处又泥淖，虽好晴旬余，犹未干，跬步防颠，吏率呻吟相闻”。此类为悲。在《蚤晴发广安军晚宿萍池村庄》一诗内，他形容道：“泥干马蹄松，路坦亭堠速。”此类为欢。反之，一旦逢雨泥湿，当然就蹄重行缓了。历时五月之久，“方入成都府”[12]，行路之难也可想而知。

兴许正因为饱受过泥路之苦，范成大治蜀伊始，便着手修整了成都的街衢。先前，秘阁修撰张根之子张焘镇蜀，在绍兴十三年（1143）曾为成都铺过砖石路面，但仅有二千余丈的长度，并不能从根本上解决问题。于是，在此基础之上，范成大“鸠工命徒，分职授任。程督有方，尺寸有度。费出于官，而不以及民。日廪以食，而人竞力作，未几告成。以丈计者三千三百有六十，用甓二百余万，为钱二千万赢。率一街之首尾立两石以识广狭，凡十有四街。然后所至侧布如江浙间，雨不乘橇，骑不旋泞，徐行疾驱，俱从坦夷。父老相与喟曰：‘周道如砥，其尚见于斯乎！’”[13]《诗经·小雅·大东》云：

“周道如砥，其直如矢。”周王朝曾在国都镐京和东都洛邑之间修建了一条特别宽广平坦的大道，号称“周道”。成都百姓借此来形容、赞美范成大修砌的十四条新街，可见群情之高、人心之向。对于这些新街，范成大也颇为自得，其《三月二日北门马上》一诗云：“新街如拭过鸣驺，芍药酴醿竞满头。十里珠帘都卷上，少城风物似扬州。”“似扬州”也就是“如江浙间”的意思。这十四条街具体街名大多已不可考，我们只知道包括了著名的石笋街。范成大《丙申元日安福寺礼塔》一诗云：“石笋新街好行乐，与民同处且逢场。”2007年，成都市锦江区江南馆街北侧发现了一处唐至宋代的街坊遗址，其间纵横交错长达数十余米的铺砖街道在中国城市考古史上十分罕见。该路面使用特制的细长条形砖竖砌而成，有“人字形”与“回字形”两种砌法。路面中间略高于两侧，路面有明显的车轮碾压痕和使用损坏后的修补痕迹。这未必就是范成大当年所砌者，但应该也相差无几。

除了砌街，范成大还补葺过罗城和子城，增修过筹边楼、铜壶阁等，减酒税四十八万缗，停“科籴”[14]五十二万斛，边防得以巩固，人民得以安居。总而言之，“公之于蜀，药伤补败，苗耨发栉，无一不用其力。”[15]

从奉旨履职到因病辞职，范成大在成都虽然只有短短两年，政绩却相当卓著，得到了普遍的肯定。其下级陆游在《渭南文集》卷十四《范待制诗集序》中称赞他：“定规模，信命令，施利惠农，选将治兵，未数月，声震四境，岁复大登。”其上司宋孝宗形容他离任后的反响道：“蜀民思卿如慈亲”[16]。政声之佳，可见一斑。

对成都民俗文化的记录与贡献，范成大也是可圈可点的一号人物。

新年第一天，成都“郡人晓持小彩幡，游安福寺塔，粘之盈柱，若鳞次然，以为厌禳、惩咸平之乱也。塔上燃灯，梵呗交作，僧徒骈集。太守诣塔前张宴，晚登塔眺望焉。”费著《岁华纪丽谱》如是说。早于此，范成大就用韵语描绘了这些习俗，而且补充了费文的不足。其《丙申元日安福寺礼塔》一诗云：“新年后饮酴酥酒，故事先燃窣堵香。”题下自注：“成都一岁故事，始于此塔。士女大集，拜塔下，燃香挂旛，禳兵火之灾。”“酴酥酒”即屠苏酒，一人饮，一家无疫；一家饮，一里无疫。“故事”，犹言旧例、古俗。

三月“二十一日，出大东门，宴海云山鸿庆寺，登众春阁观摸石。盖开元二十三年灵智禅师以是日归寂，邦人敬之，入山游礼，因而成俗。山有小池，士女探石其中，以占求子之祥。”这还是费著的笔墨。早于此，范成大也有诗纪之，名曰《三月二十三日海云摸石》。观上引《岁华纪丽谱》之文，“二十三日”应为“二十一日”之讹。除了观游人摸石祈子，范成大还在海云寺看过山茶花，不止一次，而且均有文学记录——《十一月十日海云赏山茶》《十二月十八日海云赏山茶》。百世之下，涵咏这些诗篇，成都海云寺山茶花事之盛之美，仍可以想见其仿佛。

备注：

① 详见《老学庵笔记》卷九。

② 出自唐释道世《法苑珠林》卷十四。

③ 一种轻身飞行之术。

④ 范成大有诗题为《会庆节大慈寺茶酒》。

⑤ 獠，又作僚，是古代对少数民族的蔑称。

⑥ 平，本作坪。

⑦ 详情可参《建炎以来朝野杂记》甲集卷三《百官肩舆盖》、《清波杂志》卷二《凉衫》。

⑧ 经略安抚使，又称帅司，掌一路军政之事。

⑨ 敷文阁始建于1140年，专藏宋徽宗御制文集及其相关档案。宋因唐制，于殿、阁均设待制之官，如“保和殿待制”、“龙图阁待制”，典守文物，位在学士、直学士之下。敷文阁职责因袭龙图阁，也设有学士、直学士、待制等。

⑩ 制置使，北宋不常置，掌筹划沿边军事。南宋设置渐多，掌本路诸州军事，多以安抚大使兼任，可便宜制置军事，有四川、江淮、京湖等制置使。

⑪ 范成大《冬至日铜壶阁落成》。

⑫ 范成大《与五一兄书》。

⑬《成都文类》卷四十六《砌街记》。

⑭ 说详袁一堂《宋代市籴制度研究》。

⑮《成都文类》卷四十六《砌街记》。

⑯《翰苑新书》前集卷五十三《太守下·皇朝事实·民思如慈亲》。

明清卷

蜀道虽云难
登天亦何有

《益部谈资》里的成都

（上）书圣王羲之终生向往天府

“益部”“益州”，尤其是“扬一益二”，差不多快成成都文化人的口头禅了。但“益”到底是什么意思，若来个街头采访，恐怕绝大部分市民都会一问三不知吧。

关于“益”的含义，先后有两种说法。前一说认为“益”通“隘”，其所在之地险隘，所以叫作益州。从南朝梁简文帝、刘孝威等的《蜀道难》到唐人李白的《蜀道难》，再到明人宋濂的《送天台陈庭学序》，对益州险隘的强调就没有消停过。蜀都之地，古曰梁州。后来汉武帝改梁州曰益州，将全国版图分为十三个刺史部，益占其一，“益部”之名便由此而起；东汉崔寔《政论》里已出现“益部”，《华阳国志》及王献之《益部帖》均曾提及“益部”一词和《益部耆旧传》一书。其辖境囊括了今四川省折多山、云南省怒山、哀牢山以东，甘肃省武都、两当，陕西省秦岭以南，湖北省郧县、保康西北，贵州省除东边以外地区，较之此前的领域有所增益扩大。于是诞生了后一说：州之疆壤益大，故以名益。

在被刘伯温赞为“当今文章第一”的宋濂宋学士的心目中，川蜀山水是险的奇的，其间的美与魅一直无从亲眼领略。他说，小时候有志出游天下，因要忙于读书而作罢。壮年不幸又遇见战争，等到天下太平，自己又老得走不动了。岂料阴差阳错，他晚年却因长孙宋慎牵连胡惟庸党案而被流放茂州（在今四川阿坝州），半途病死在了夔州（在今重庆奉节县）。

与宋濂同时而稍后的某任夔州府官员何宇度撰有《益部谈资》一书，依然在颠来倒去地重弹老调：“大都蜀道无不难，如上青天者。峡固险矣，而陆亦匪夷”；蜀之关山“皆极险峻，擅登青天之誉”。登青天，实即“蜀道之难，难于上青天”之意。

1. 何宇度其人其书

何宇度，字仁仲，德安安陆（今湖北安陆）人，嘉靖二十年（1541）进士、“吉阳先生”何迁（1501—1574）之子。当过詹事主簿，于万历年间（1573—1620）担任夔州府通判，或说是夔州别驾，总之职位不算低，仅次于知府。何宇度为人风流尔雅，有东晋王导、谢玄诸人的气质和作派，经常与海内名公巨卿互相酬答。其住宅左边有甘露园，墙郭之外有三洲、碧霞台、广心堂等。他喜欢在这些园林山水之间举办文学活动，交游啸咏，不厌不倦，几乎天天如此。

《益部谈资》是何宇度写的一部专题笔记，内容全都是关于四川的山川、物产及古今轶事。全书分上中下三卷，因为体例比较活泼随意，不像“图经”“地志”[①]那么正式，所以取名为“谈资”，大约就跟茶余饭后摆的龙门阵相仿，这既是谦虚套语，又流露出对趣味性灵的追求。而冠以“益部”二字，许是在向他的异代同乡宋祁的名著《益部方物略记》致敬。

对《益部谈资》的宏观评价，可引《四库全书提要》之按语为代表：“蜀虽僻处一隅，而蚕丛、鱼凫以下，古迹为多；长卿、子云以后，文士为众。又地形奥衍，百产繁饶，富庶之余，溢为奢丽。岁时游乐，亦自古为盛。故其见于记载、形于歌咏者，自扬雄《蜀王本纪》、谯周《三巴记》、李克《益州记》以下，图籍最多，遗事佚闻，皆足资采摭。是书掇拾蒐罗，尚未能一一赅备，然诠择不苟，去取颇严。其后曹学佺作《蜀中广记》，征引较博，不免稍涉泛滥，不若此本之雅洁。在明人杂说之中，尚可称简而有要者。原本有李维桢跋，亦极推为善本，盖不诬云。”所谓“李克”，乃“李膺”之讹。《蜀中广记》篇幅加多、征引较博，反不如《益部谈资》简要而雅洁。在明人杂说类图书之中，《益部谈资》可圈可点，当时就颇得隆庆二年（1568）进士、《穆宗实录》《神宗实录》主要作者李维桢等人的好评。

2．王逸少雅志未酬

王献之的父亲王羲之和左思一样，终身未曾入川，但这并不妨碍他们寄情益部，其真挚炽热，比宋濂有过之而无不及。《益部谈资》开卷即云：“王逸少生平最慕蜀之山川，渴欲一游”，“虽雅志未酬，千载之下，犹与此中山水争胜。”他的那些墨宝法帖，确乎可与蜀中山水比美争胜。

王羲之字逸少，琅琊临沂（今山东临沂）人，后迁会稽山阴（今浙江绍兴），晚年隐居剡县（今浙江嵊州）。他对蜀地的神往终其一生，在不同时期给不同地区的朋友写信，向往之情总是溢于言表，要么说“若蒙驱使关陇、巴蜀，皆所不辞”，要么嫌扬雄、左思的《蜀都赋》不够完备，想“登汶领、峨眉而旋，实不朽之盛事。但言此，心以驰于彼矣”。即便到了暮年，还不死心，他向老朋友益州刺史周抚许诺：“要欲一游目汶领，非复常言。足下但当保护，以俟此期。勿谓虚言，得果此缘，一段奇事也。”汶领，何宇度解释道：“即岷岭，用古字也。”连峰接岫的岷山，邛州、蓬溪、富顺等地的火井盐井，峨眉山的“夏含霜雹”，诸如此类的“山川诸奇”，让一代“书圣”魂牵梦萦了一辈子。

3. 武担山·杨妃池·文君井

《益部谈资》卷上有三条前后相连，分别简述了成都的三处名胜。

第一处：“武担山，在藩司右。《西蜀记》：蜀王开明妃死，遣五丁担土为冢而成，以是得名。史称昭烈即位于武担山之南，即此。”正德（1506—1521）《四川志》、天启（1621—1627）《成都府志》异口同声，都说“武担山在布政司内”。所谓藩司，即布政司。武担山大致在《成都府志》中《府治三衢九陌宫室图》之“布政司”的右边，谥号“昭烈”的刘备就曾于此山之南即皇帝位。

第二处：“杨妃池，在灌县东。《太真外传》云：妃父玄琰为蜀州司户，妃生于蜀，尝误坠池中，故后世池以妃名。”杨妃，指杨贵妃。根据新旧《唐书》、乐史《杨太真外传》及宋《先贤积庆碑》所记，可以得知杨贵妃的祖父叫杨志谦，曾当过青城县令，父亲杨玄琰在任蜀州司户之际生她于导江县。

青城县、导江县的遗址早已被考古发掘，均位于今都江堰市境内。在都江堰市聚源镇迎祥寺旁，有一个长满蓬蒿藜藿的圆坑，据守寺老人说，就是枯竭后的杨妃池。

第三处："文君井，在邛州。《采兰杂志》载：文君闺中一井，文君手汲则甘香，沐浴则滑泽鲜好；他人汲之，与常井等。今白鹤驿中之井是也。水尚清澈，州人酿酒必取之。"白鹤驿在邛州治东，前身为北宋临邛通判署，即陆游诗里的"白鹤馆"，明洪武年间（1368—1398）改为驿。驿中有文君井，具体位置在今邛崃市临邛镇里仁街。民国《邛崃县志》称：该井"甃砌异常，井口径不过二尺，井腹渐宽，如瓶胆然，至井底，径几及丈，真古井也"。井壁、井甃诸部均无砖块与条石痕迹，确系汉代古井。明时水尚清澈，州人常汲取来酿酒。清末重新进行淘洗，仍能引出甘洌之水。

（中）芙蓉城景色晴雨无不可人

明代的成都平原，是一处相当诗意的栖居地。当时的地理学家王士性有过如此动情的描述："江流清洌可爱，人家桥梁、扉户俱在水上，而松阴竹影又抱绕于涟漪之间，晴雨景色无不可人。"真是：水光潋滟晴方好，山色空濛雨亦奇。[②]何宇度也毫不示弱，他在《益部谈资》卷中照样下笔成章："成都城外皆平壤，竹树蓊蔚，田地膏腴，江河诸流交错贯络，昔称天府、沃野，信非虚语。江从灌口来，夏秋水涨，阔盈里许，冬春水涸如带，邦人或以河名之。"相形之下，王士性像近景特写，何宇度则为全景航拍。

水是成都的灵魂。没有清冽可爱的江流，成都的晴雨景色也就缺少了灵动之美。长期工作在江安河畔，每年下闸枯水的那一两个月，两岸的街道都会显得落寞而呆滞。对此，我是深有感触的。唐初学者颜师古曾准确地指出：“沃者，溉灌也，言其土地皆有溉灌之利，故云沃野。”没有交错贯络的水网，成都“沃野”之誉也就无从谈起。

“江从灌口来”本是杜甫《野望因过常少仙》一诗原句，被何宇度信手拈来，化入文中，如羚羊挂角，没有一点雕琢之迹可寻。“邦人或以河名之”，这个习惯至今未改，本地人不分季节总把“岷江河”“走马河”“府南河”之类挂在嘴边，实则都指向同一条江——岷江，它从雪山走来，流经都江堰汩汩而下，滋润了田野，养育了成都。

“成都，一名锦城，一名锦官城，秦张仪所筑，有大城、小城、子城三区，后始改合。附郭县二：曰成都，曰华阳。华阳，古国名也。”这是《益部谈资》卷中第一条。附郭县，古代行政术语，专指中国古代没有独立县城而将县治附设于府城、州城的县。历朝历代都不鲜见，尤其是明清时期，内地各省的绝大多数府城至少有一个附郭县。华阳县为蜀郡郡治成都府的附郭县，于唐贞观十七年（643）建立，因紧邻成都，始名“蜀县”，由成都县析置。建县大约一百年后，更改为“华阳”，从此不再换名。何宇度说华阳是古国名，显然是受了《华阳国志》这个书名的误导，详情可参《〈华阳国志〉里的成都》中《石笋之外，成都还有石镜》（P36）一文。

“锦城又名芙蓉城，昔蜀孟昶僭拟宫苑，城上尽种芙蓉，谓左右曰：‘真锦城也。’后世因之，亦种芙蓉于上，有直指登城不便舆从，命稍芟之，军卒因尽芟去。”僭拟，越分妄比，谓在下者自比于尊者，是对孟昶帝位的否认。五代十国时期，在四川的割据政权，前期由王建开创的称为“前蜀”，后期孟知祥所建的叫作“后蜀”，两者都是“十国”之一，均传二代而亡。宋人不承认这两个地方政权合法，统称它们为“伪蜀”。何宇度秉承这种观念，称孟昶修宫苑是一种“僭拟”行为。“城上尽种芙蓉”两句剪裁自宋人张唐英所作《蜀梼杌》卷下：“城上尽种芙蓉，九月间盛开，望之皆如锦绣。昶谓左右曰：‘自古以蜀为锦城，今日观之，真锦城也。’”后唐天成二年（927）十二月，后蜀高祖孟知祥发民丁二十万于“罗城”[③]，垣外增筑“羊马城”以为外郭，周长四十二里。后蜀广政十三年（950）五月，孟知祥第三子孟昶以后蜀后主的身份下令在城墙上遍种芙蓉。此后，“每到深秋，四十里如锦，高下相照，因名锦城”。成都因有锦官织造蜀锦畅销天下，而名锦城，一名锦官城。孟昶所叹“真锦城”之锦城，乃谓迤逦的城垣上盛开着连绵的芙蓉花，远远望去，美如锦绣。二者名同义异，未可同日而语。

何宇度说：“蜀锦之名，其来久矣。城名‘锦官’，江名‘濯锦’，而《蜀都赋》云：‘贝锦斐成，濯色江波。’《游蜀记》云：成都有九壁村，出美锦，岁充贡。宋朝岁输上供，转运给其费，府掌其事。元丰中，建锦院，岁募军匠五百人。其锦之名凡三十余种，今惟蜀藩制之，名无多而价甚昂，不可易得。”此《蜀都赋》作者为左思，“贝锦”指蜀锦的纹理如贝。建锦院的是成都府知府吕大防，具体时间是在元丰六年（1083）。

成都城“东南角楼榜曰‘芙蓉楼’，名虽佳，规制不甚钜丽，宴会亦不恒到。西南角楼榜曰‘锦江春色’，俯视江河诸流、青羊浣溪诸处，景物差胜。”芙蓉楼大概因芙蓉城而得名，“锦江春色”则出自杜甫《登楼》一诗。“青羊”即青羊宫，“浣溪”即浣花溪。

“环城为桥者四：（北）曰‘驷马’，即相如题柱处，旧‘升仙’也；南曰‘万里’，取孔明送费祎聘吴曰‘万里之行始于此’之义；东曰‘濯锦’；西曰‘浣花’，名皆古雅可诵。唐史载：玄宗狩蜀，至万里桥，问桥名，左右对以‘万里’，玄宗叹曰：‘开元末，僧一行谓更二十年国有难，朕当远游至万里之外。此是也！’遂驻跸成都。”这里重点讲述了万里桥和历史名人的故事或传说。“万里之行始于此”是费祎[4]离蜀之叹。又有人认为诸葛亮送的是张温，临别时，诸葛说了一句“此水下至扬州万里”，所以桥由此得名。天宝十五年（756），安禄山攻陷西京（长安），唐玄宗退避南京（成都），本着为尊者讳的原则，谓之“狩蜀”[5]。天文学家僧一行预言玄宗狩蜀，显系杜撰，因为二十年前乃是开元二十四年（736），僧一行早已作古（卒于727年）。

讲完成都的名桥，《益部谈资》谈到了“文翁礼殿，今学宫即其故址。云汉文翁立学，作石室，绘三皇、五帝、仲尼、七十二贤及两汉君臣像于其中祀之，至唐已漫灭。宋嘉祐中，重为摹写，增至一百七十三人。今学宫止有孔门诸弟子石刻，不知仍是故物否，其余不可见矣。”礼殿为木质建筑物，低檐方柱，柱子上小下大，为汉代款式。在晋、隋时，礼殿主祀周公，称“周公礼殿”。唐初开始主祭孔子（字仲尼），取《孟子》“孔子之谓集大成”，更名“大成殿”。此时，殿内仍保存着晋代壁画。广政年间，壁画人物有166位；嘉祐年间，又增至173位。元代殿毁，明朝在其基础上修建学宫[6]。学宫内部，何宇度说是只有孔门诸弟子石刻，而且还不能确定其年代。

“汉昭烈帝惠陵，去城南五里，古冢巍然，石碑仅未断。傍即昭烈庙，颇壮丽，用武侯诸将配享。前有穹碑，以亭覆之，乃唐之裴度记、柳公绰书也。会城古碑仅有此，予谓衢口当树一坊，名曰‘汉昭烈陵庙’，尝质之当道，未果。”穹碑，圆顶高大的石碑，此指《蜀丞相诸葛武侯祠堂碑》，由剑南西川节度使武元衡立于唐宪宗元和四年（809），因“武侯之功德，裴柳之文、字，其相与垂于不朽”[7]，而有“三绝碑”之誉。惠陵和《蜀丞相诸葛武侯祠堂碑》今均在武侯祠博物馆内。

（下）明代成都有一座陈子昂祠

话说，益州牧刘璋的治中从事、代理蜀郡太守王商要为严君平、李弘二人建立祠庙。当时著名的才士秦宓听闻后，写信对王商说：“严氏文章冠绝天下，其许由、伯夷一般的脱俗操行，如山岳不可动摇，即使扬子不加赞叹，照样昭明卓著。但李弘如果不被《法言》提到，他的名声必然湮没无闻，因为他没有虎豹那样斑斓的文采，可以说是攀龙附凤之人。而扬子云潜心著述，有补于世，出污泥而不染，德行可比圣人，如今海内之人仍在谈论、诵读他的文章。国家有这样的人，足以向四方夸耀，奇怪的是您竟然不为他建造祠堂。”

东汉官方虽然没有为扬雄立祠，但却保留了他的故居。从西晋的张载到唐时的卢照邻、岑参、郑谷，历代墨客游览成都，总会去看一看。明时，其故居里的墨池、草玄亭还在。《益部谈资》卷中载：“扬雄旧宅，在府治西。成都县治，其旧址也。今藩司前有墨池、草玄亭在焉。诵岑参诗：‘吾悲子云居，寂寞人已去。娟娟西江月，犹照草玄处。’为之怅然。宋米芾有墨池碑字。子云家贫，嗜酒，问字者多载酒而往。《清赏录》载：昔有犍为人，得雄草玄之砚，如今制，但去圭角。”观天启《府治三衢九陌宫室图》，在“成都县”（县治）之东、“成都府”（府治）之西，有一“洗墨池”，即墨池。所谓草玄砚，就是扬雄起草《太玄》等作品时用的砚台。

“花蕊夫人宅，在灌县。夫人姓费氏，青城人，以赋宫词百首著名，《全蜀艺文志》仍载有遗诗百首，是杨用修收者。”早在南宋末期，花蕊旧宅就已经很荒凉了，正如汪元量（1241—1317）《花蕊夫人故宅二首》所云：“芙蓉城里家何在，花蕊夫人宅已空”；“宅前宅后好青山，零落重门半掩关”。花蕊夫人出生于“成都府路永康军青城县”（县治遗址在今都江堰市石羊镇），故称“青城人”。《全蜀艺文志》共六十四卷，明人杨慎（字用修）所辑，题名“花蕊夫人”的《宫词一百首》被收录于该书第七卷中。

“严君平墓在新都，有碑树于道傍，卖卜之肆在省城。汉明帝讳庄，故史记改庄为严，以庄与严古同义。”严君平原本姓庄，西汉成都人，扬雄《法言》称其为“蜀庄”，东汉班固《汉书》因避明帝刘庄之讳乃改写成“严君平”。

“武侯祠，在城西浣花溪上，与子美草堂相接。庙貌虽未颓坏，森森之柏亦不复存。”观《府治三衢九陌宫室图》之西南角，杜甫（字子美）“草堂”与“诸葛祠”确实相接，其间只隔着一座“梵安寺”。梵安寺在成都治西南五里，人呼为“草堂寺”，盖自子美之草堂而得名。森森之柏，语出杜甫《蜀相》诗：“丞相祠堂何处寻，锦官城外柏森森。”

《益部谈资》下文又云：“武侯、工部二祠之中有寺，一名草堂，一名中寺。前代为尼居，名桃花寺。隋文帝时，始易以僧。大历中，崔宁镇蜀，以冀国夫人任氏本浣花女，遂重修之，绘任氏真于其中。会昌中，欲毁寺，夜闻女子啼泣之声，中止。已而祷雨有验，本朝赐名梵安寺。百花潭口旧有任氏一碑，立于风雨中。予令人涤去苔藓，读之，乃宋熙宁年间吴中复撰八分书也。字半漫灭，略可成诵。云知夫人微时，见一僧坠污渠，为濯其衣，百花涌出，因而名其潭。后杜少陵、薛涛皆买居潭侧。”冀国夫人姓任，成都人，魁伟果敢，善骑惯射，后嫁河南卫州人崔旰为妾。唐大历二年（767），崔旰继任西川节度使。翌年，其弟崔宽留守成都，崔旰奉诏入长安，被赐名曰“宁”。泸州刺史杨子琳趁机兴兵，攻打成都。崔宽屡战屡败，杨子琳越发嚣张。成都人民被困城内，粮草殆尽。在此危难存亡关头，任氏慨然捐出家财数十万，两三日之间便招募了勇士数千人，并亲自率领指挥，一战而大败杨子琳。事后，朝廷加封崔宁为冀国公，由于任氏保全成都功勋卓著，也被封为冀国夫人。成都人民则感戴她的恩德，奉她为女英雄和守护神，在浣花溪畔修建“冀国夫人祠”⑧长期纪念。

《益部谈资》下文又云：“浣花溪中，一洲横出，下即百花潭也。旧有洲上亭一，跨水桥亭一，名皆无谓。予易以‘浮槎’、‘沧浪’二榜，及增益竹树于上。子美有灵，当亦称快。”在尚未出嫁的某年四月十九日，夫人见一位僧人不小心坠入污渠之中，她便主动为其浣洗弄脏的衣服，衣一入水，顷刻之间，百花满潭，因名曰百花潭，后人也由此美称任氏为“浣花夫人”。

除了取亭名，何宇度还对子美草堂“稍为之修葺，镌公遗像及唐本传于石，榜署皆用公诗而檃括之，曰：‘背郭堂成，锦里溪山千古在；缘江路熟，青郊竹树四时新。’又：‘万丈光芒，信有文章惊海内；千年艳慕，犹劳车马驻江干。’又：‘万里桥西，草堂佳句如新，宛见卜居之兴；百花潭上，水槛苍波依旧，长留怀古之思。’”这些对联和石刻杜甫遗像（镌于万历三十年，即1602年）在今杜甫草堂内仍能寻见踪迹。

张载《登成都白菟楼》诗云：“借问扬子舍，想见长卿庐。”扬子舍即扬雄旧宅，长卿庐即“相如宅”，“相如宅，在城西南五里，又云在市桥西。今琴台去城西五里，岂非其处乎？秀柏参差，当垆涤器风流，宛可想见。传谓，相如死，文君为作诔。是文君岂徒以色称者？”相如宅在市桥之西、笮桥之北，当在今通惠门之东，即原有之金水河上金花桥一带。“传”指《西京杂记》，其原文曰：“长卿素有消渴疾，及还成都，悦文君之色，遂以发痼疾，乃作《美人赋》欲以自刺而终不能改，卒以此疾至死。文君为诔，传于世。”《全汉文》卷五七辑有卓文君《司马相如诔》，恐系后人伪托。

在成都西门陌上，原有二株石笋双蹲于地，一南一北，南者高于北者，据说北边这株石笋在公孙述割据益州称帝期间折断过一截。到了明代，何宇度曾“遍问故老于西门外，竟无有也”，他便怀疑道：“岂后又尽被折去耶？城南市名五块石，有大石五片叠垒其上，云石下有海眼，岂即石笋年久倾断置此乎？”关于五块石，“又云五丁所置”。《益部谈资》对石笋与公孙述、五丁之关系的陈述大概脱胎自《华阳国志》：“时蜀有五丁力士，能移山，举万钧。每王薨，辄立大石，长三丈，重千钧，为墓志。今石笋是也，号曰笋里。”“成都县内有一方折石，围可六尺，长三丈许。去城北六十里曰毗桥，亦有一折石，亦如之，长老传言五丁士担土担也。公孙述时，武担石折。”

少有人知道成都还有过纪念陈子昂的“射洪庙”，又叫“射洪祠”。“射洪祠，在北门外驿傍。传云，蜀献王初之国，梦有神冠冕来谒者，王问为谁，对曰：‘陈子昂也。今为射洪土神，王驾过，护送至此。’王因其地立祠祀之，世因谓子昂为蜀土神。”蜀献王朱椿是朱元璋第十一子，洪武十一年（1378）受封为蜀王。然则，此祠必建成于此年之后。

备注：

① 方志中的两种重要类型。

② 《施注苏诗》。

③ 又名“太玄城”，周长二十五里，为唐人高骈所筑。

④ 与诸葛亮、蒋琬、董允并称为蜀汉四相。

⑤ 出巡蜀都。

⑥ 即文庙。

⑦ 柳公绰是著名书法家柳公权的兄长，他当时的官称是“营田副使检校尚书吏部郎中兼成都少尹侍御史赐紫金鱼袋”。

⑧ 今杜甫草堂内“浣花祠”之祖构。

《听雨楼随笔》里的天府成都

“听雨楼随笔”这个书名文雅而简洁，很受知识分子欢迎，或者这样说，用“听雨楼随笔”作书名者真是代不乏人，其中比较著名的就有清之王培荀（1783—1859），今之高伯雨（1906—1992）。与之相近的书名尚有《听雨轩笔记》《听雨阁笔记》等等，不一而足。闲话少叙，我们今天单表王培荀的《听雨楼随笔》。

王培荀是谁？尽管他和蜀地的渊源颇深，但很多四川人并不熟悉他，甚至闻所未闻。因此，有必要在切入正题前，先对他做个简介。

王培荀，字雪峤，一字景淑，或云雪峤是其号，山东淄川人，即古典文学巨匠蒲松龄的老乡。道光二年（1822），王培荀中乡试。同年，赴京会试，不第。道光十五年（1835），大挑[①]以知县用，分发四川。同年，任荣昌知县。道光十七年（1837），调丰都县令。道光二十年（1840），任新津知县。翌年，调兴文县，不久又调任荣昌知县，政绩口碑较好。在业余时间里，王培荀爱藏书，喜著述。民国《荣县志》称其“励士以学，文学丕振，旧无有也”，对四川的文教事业功莫大焉；又赞他“能作孙过庭书，胜其诗文”。不仅如此，他在经史研究上也有较深造诣，能自成一家之说。而最令人佩服，令他自豪的是，年过半百，他始学为诗。尝有句云：“前贤一事差堪拟，五十学诗高达夫。”自比唐代著名的边塞诗人高适。不过他也算有天分，有别材，终究不负众望，有《寓蜀草》等诗集面世。后来曾国藩典试四川时，还曾力赞过他的诗作。

在四川各地生活多年，踪迹甚广，又常与川籍师友或宦游于川的亲朋交往唱酬，因此，王培荀对四川可谓极其了解、极其热爱。他在荣昌任内时，于若干个风晨雨夕，将所见所闻所思随笔记录下来，因成稿于荣县官署之“听雨楼”，所以总题为《听雨楼随笔》。这部笔记虽然“意在存风土”，“于异物殊俗多有采访”，但如果说它是一部中小型的四川百科知识全书，也完全当得起。下面我们略微讲讲《听雨楼随笔》中的成都和成都文化。

话说在明末清初的七八十年里，四川战火频仍。而在四川每一次大的战乱里，成都几乎都是各方争夺的焦点。明朝天启年间，永宁（今叙永县，隶属四川省泸州市）土司奢崇明叛乱，率部远征，包围成都，烧杀抢掠102天。为镇压张献忠建立的“大西”农民政权，明朝官军和地主武装在成都地区杀人如麻。清军攻下成都后，又进行了一次血洗。血迹未干，吴三桂在云南叛乱，四川响应，成都再一次卷入战乱的旋涡。长期的战祸，使成都人口锐减。清初，城内几乎不见炊烟，杂草灌木丛生，豺狼虎豹出没。附近各县情况也很严重，双流“人民存者十之一”，新津“人民稀少”，温江仅存几十户人家。崇庆（今崇州）稍好一点，但外逃人口也在半数以上。据清朝官方统计，顺治十八年（1661），全川登记在册人口仅约八万。以成都地区人口占全川人口十分之一计算，整个成都不过八千人左右。有鉴于此，清朝政府采取优惠政策，吸引外省人口移入四川。这就是持续了六十多年的“湖广填四川”移民活动。移民的大量迁入，增加了成都地区的人口数量，补充了劳动力，为成都经济的恢复和发展提供了重要条件。荒废的土地重新被开垦灌溉出来，各种庄稼重又蓬勃繁盛起来。与此同时，移民带来各地的生产技术、语言、戏曲和生活习惯，丰富了成都的物质文化和精神文明，影响深远，成为“天府文化”的有机成分。对此重大历史转折，《听雨楼随笔》的记录虽然极为文学化，但也确凿无疑：“蜀地国初虽入版图，而变故屡经，顺治十六年重经恢复。城中草木蔽塞，麋鹿豺虎纵横民舍。官署不可复识，各官栖于城栖，兵则射猎城内。蜀王府野兽聚集，二三年捕获未尽。兵士初集，往往于废宅掘藏金，盈千累百，或数十金，亦二三年不绝。今休养生息，廛市栉比，沐圣恩之隆厚，乌知前之萧条惨目耶！”

《听雨楼随笔》有一条提及昭觉寺：“昔白乐天、苏东坡喜与客游宴，而政益修举。蜀地江山奇丽，环成都尤多古迹。士大夫以时雅集，非徒见熙朝文物之盛，而时当清宴，为政多暇，亦韵事也。昭觉寺古宣华旧苑，明时僧徒尤众，今虽荒落，而殿宇宏广，可驻游踪。”清初战火之余，昭觉寺荒废达二十年之久。康熙三年（1664），丈雪通醉禅师归蜀，才开始力图复兴。其披荆斩棘、惨淡经营，积四十年。尝得吴三桂赞助，陈圆圆供养，后又获得按察使李翀霄扶持，于是规模初备。至乾隆时，佛殿、禅堂、僧房、客舍达千余间，壮丽辉煌，甲于成都市各丛林，此即“殿宇宏厂，可驻游踪”。即便在今天，其面积、规模也仍是成都市现存庙宇之首。王培荀说昭觉寺是古宣华旧苑，恐怕不确。五代时，前蜀高祖王建改摩诃池[②]为龙跃池。乾德元年（919），王建第十一子王衍改龙跃池为宣华苑。昭觉寺远处成都北门之外，显然不在苑中。不过王建据蜀期间，对昭觉寺优礼有加，以至香火日盛，这倒是不争的事实。

成都郫都区的前身，唤作郫县。其地处于成都平原之上，广袤而美好，曾被王培荀看在眼里，记在《听雨楼随笔》中：“省垣需次，端居多暇，省申畲师于郫县。”旧时官吏授职后，按照资历依次补缺，此之谓“需次”。在成都等待上岗的某个空闲时段，王培荀跑到郫县去看望故人。路上“一望平原，清流夹道，黄花遍野，人家多在竹林。”他“爱其风景，不能成咏”，便不惮其烦地把郫县前任知县李馨相关的诗歌抄录了好几首。其“爱”之深，可见一斑。其中“细雨梨花净林寺，更无人吊鳖灵坟”两句的脚注为：“鳖灵坟在净林寺，今寺已废。”不知道是李氏自注，还是王培荀所写。鳖灵即古蜀丛帝，其生平事迹可参看《历代蜀王与巴蜀图语》一文。乾隆十二年（1747），知县李馨“伐石表道”，“始禁樵采”，保护了鳖灵坟，才有了今天郫都区望丛祠内的“古丛帝之陵”。

王培荀学诗虽晚，但爱诗更切，在《听雨楼随笔》中常常引用他人之诗来代替自己正面的描述，例如“万里桥”一条，除了开头一句“万里桥在成都城外”的简单交代之外，剩下全在引诗评诗。虽然在书前的《凡例》中，王培荀已有言在先：“是编非诗话之比。”而实际上呢？《听雨楼随笔》许多条目简直就是不折不扣的诗话。想从中打捞、整理更多的成都文化，非花些大力巧劲不可。

备注：

① 清朝乾隆年间制定下的一种科考制度，为的是让已经有举人身份但又没有官职的人有一个晋身的机会。

② 其详情可参看《陆游：骑驴入天府，携琴游成都》一文。

《蜀游闻见录》里的天府成都

四川一省古迹之多，名胜之雅，林木之秀，花鸟之蕃，物产之饶，矿苗之富，殆为海内之冠。天下诗人皆入蜀，或许也因此吧。蜀人李调元说“自古诗人例到蜀”；蜀人赵熙亦云“从古诗人多入蜀”。这些诗人不远千里万里入蜀到蜀，游山玩水、探古寻幽倒是余事，其主要目的多半还是从政为官，为口而忙。唐之杜甫、宋之陆游、明之宋濂、清之王培荀，等等，均无一例外。杜陆之诗，宋王之文，能流传至今，脍炙人口，亦多而不少得了些蜀中江山之助。而蜀中江山之中，唯成都最得地利。诚如宋濂所指出的：“成都，川蜀之要地，扬子云、司马相如、诸葛武侯之所居，英雄俊杰战攻驻守之迹，诗人文士游眺、饮射、赋咏、歌呼之所。”这一切的一切，皆令已游之客神旺，令未来之人神往。

话说《听雨楼随笔》的作者王培荀死后七年，有一个徐姓婴儿在江苏南通呱呱坠地。他的官名是宜楙[①]，字心余。在清末民初，曾两次入蜀任职。

清光绪十九年（1893），徐心余首次随父入川。其父徐联棻，号莀双，乡谥和定，是同治甲子优贡生，历任营山、夹江知县，以及同知衔成都南关厘金[2]局总办、叙永土税局总办、石堤百货厘金局总办等职；宣统二年（1910）卒于石堤。在此期间，徐心余均在其父任所供职。待父逝世，始扶灵柩回乡安葬。

民国三年（1914），徐心余再次来川，曾任万县（今属重庆）水警教练所所长、川江水警第二厅第二署署长。数年后还乡，旋即被张謇[3]延聘为家庭教师。嗣后，又在南通学院任职，于1934年病殁，享年六十八岁。

徐心余这两次入川任职，前后共历二十余载，足迹遍及成都、新都、广汉、雅安、夹江、眉山、乐山、简阳、资中、内江、灌县、宜宾、兴文、叙永、古蔺、泸州、永川、重庆、涪陵、万县、云阳、阆中、奉节、丰都、酉阳、秀山等数十县，并不亚于当年王培荀的经历。王有《听雨楼随笔》，徐则有《蜀游随笔》，虽然有先后繁简之别，但都是作者宦游四川各地亲历亲闻亲见的忠实纪录。正如其子徐晓白教授所说："先府君心余公，于清光、宣中随先祖考莀双公宦蜀，先后二十馀载。足迹所经，闻见实多，惜未能随予笔录。鼎革后，任职故乡南通学院农科多年。待余稍长，每值夏夜纳凉之际，最爱闻先府君述川中旧事，惟以先府君忙于业务，无暇执笔。六十三岁时退职家居，因得将其往事记述成《蜀游随笔》二卷。其实均属忆笔，而非随笔，故遗漏自多，且仅凭记忆，亦难免讹误之处。兹付刊印，改名为《蜀游闻见录》，并删去有关迷信传说，藉供蜀游谈助。"

《蜀游随笔》二卷，本是徐心余的遗著，约计一百八十条，不分类，无目录，迄未刊行。1985年，经其子徐晓白整理重抄，加目录，不分卷改名为《蜀游闻见录》，然后交四川人民出版社付梓，才算正式出版面世。其开卷第一条写“成都府署”，即提到“诸葛武侯之所居”：“清成都府署，在城中玉带桥西，形势最为宏敞，汉武乡侯相府旧址也。自头门逶迤而入，越仪门而至大堂，中间甬道，较他署约长数倍。大堂下之月台，结构最古。东西桂树各一株，相传为武侯手植。老干纷披，叶作浓绿色，而不甚著花，或数年著花一次，不必定在秋间，而不拘定春夏，即寒冬亦许著花。著花不甚多，非若寻常秋桂，满树皆花。”相比由诸葛亮相府改造而成的成都府署，诸葛亮手植的桂树显然更让徐心余注目留情。

徐心余似乎很爱花，与“成都府署”仅一条之隔，又有“花会”一篇：“成都花会相沿已久，不知创自何年。以地气和暖故，各种花木，发育最早，比及春初，均含苞待放矣。每年就西门外二仙庵青羊宫两庙区，集合各园主，将各种花木，营运来会比赛，所以推广营业也。”成都花会，即古之“成都二月花市”（《成都古今集记》）。唐人萧遘《成都》诗已有“月晓已闻花市合”一句，可见成都花会在唐时已成气候。徐心余这样描绘花会的闹热：“车马喧阗，官商毕集。红男绿女，结队偕来。出城数武，即拥挤不堪。舟车所至，凡远在数百里外者，亦莫不联翩戾止，诚盛会也。”

提及“青羊宫”，徐心余的视角像极了一位站在科学立场上的民俗学家：“青羊宫创自唐，正殿中供奉李老君神像，想系唐时所称玄元皇帝者也。古籍所载，李老子骑青牛过函谷关，而此独称为青羊何也。且正殿东西，各有一铜羊陈列在侧，大如常羊，铜质最良，得千百人摸擦之，尤觉异常光彩。相传花会时来殿进香者，必手摸铜羊殆遍，是年即无疾病，小孩来摸，尤注意头肚，摸后可免头疼肚痛之患，迷信之谈，殊可笑也。”青羊宫的前身是“玄中观”，唐僖宗入蜀后，始下诏改称为“青羊宫”。所以，“青羊宫创自唐”之说也可成立。青羊云云，其实也为“古籍所载”过，即扬雄之《蜀王本纪》，详见《成都文化中的〈老子〉元素》一文。

紧接“青羊宫”一条是“二仙庵”：“二仙庵与青羊宫巍然并峙，相去不过数武，同为前代古庙。若问二仙何名，创自何代，则吾不知，质之住持道士，亦不尽知也。俗传每年二月初十，为二仙诞期，故花会最初成立，即以是日为开会期，后遂著为例。”此庵初名“青羊二仙庵”，为四川按察使赵良璧于康熙三十四年（1695）创建。所谓二仙，指吕洞宾与韩湘子。

王培荀《听雨楼随笔》对“万里桥”的记载语焉不详，《蜀游闻见录》“万里桥”一则刚好可以补足之。徐心余写道：“出成都南门南行百余步，水声淙淙，有万里桥跨江横卧，路与桥平，为出城陆行要道。杜诗云，万里桥西一草堂，即此是也。桥宽三丈余，长廿余丈，桥门七洞，纯系坚石筑成。附近居民，聚集桥之两边，设摊成市，中间车马往来，行人如织，曾不觉其拥挤，其宽阔可知矣。桥南石碑高峙，题万里桥三大字，为川督赵尔丰所建设，洵巨观也。”

“过万里桥折而西行，约六七里即草堂寺，杜工部之故宅也。”在徐心余看来，“成都名胜，多盛于春，惟草堂寺林木清幽，池塘修洁，亭台位置亦极萧疏错落之观，夏秋徙倚其间，较他处尤饶佳趣。”像这样诗情惬意的描写，在《蜀游闻见录》随处可见，恕不一一罗列了。

作为历代“诗人文士游眺、饮射、赋咏、歌呼之所”，不仅是徐心余这样的宦蜀之人，其余很多来客，久而久之，成都也会给他们留下终生挥之不去的诗意缠绕和幸福感。

备注:

① 有趣的是，宜楸又是睡神之名。

② 厘金，亦称厘捐或厘金税，是旧中国的一种商业税，主要是在水陆交通要道设立关卡征税。

③ 清末状元，中国近代实业家、政治家、教育家，主张“实业救国”。

《蜀海丛谈》里的天府成都

蜀自文翁、相如之后，人文蔚起。淹博之士，代有传人。而那些前仆后继的入蜀官宦，也是多见广闻，且不断为历史写照，保存、传承天府文化之功不可谓不大。《蜀海丛谈》三卷，便是其中的杰出代表。

《蜀海丛谈》是一部颇具四川地方特色的历史掌故笔记，比较全面地记载了四川从清朝末年至民间初年间的政治、财经、军事、邮驿、文化教育的基本情况和有名人物的轶事趣闻。作者周询，字宜甫，晚号逢庐老人，贵州麻江人，生于清同治四年（1865），卒于1950年。自幼随父宦游入川，曾任隆昌、华阳县知县，广安州知州，后供职四川督署文案，历事三帅，以勤于职守，为总督岑春煊、锡良、赵尔巽所赏识。辛亥革命后，一度出任巴县知事，未几去职，相继任成都、重庆中国银行经理。因此，他对清代的典章制度和四川军政各方面的秘闻知之甚多，所记也就翔实而具体。晚年潜心著述，写有《蜀海丛谈》《芙蓉话旧录》等书十数种。但我们这次想钩沉的是书中有关成都的林林总总，尤以史地人文为主，相对来说，要有趣得多。

徐心余《蜀游闻见录》卷首“成都府署”一条有所遗漏，《蜀海丛谈》卷一《制度类上》“各府直隶厅州”条刚好可以补阙：“府署在正府街，相传即蜀汉时诸葛忠武故第之基址。大门外，中有‘古天府’三字横匾。左右两方，向外者，一书‘开诚心’，一书‘布公道’；向内者，一书‘集众思’，一书‘广忠益’。皆用武乡侯语也。署内有石狮二，相传亦汉物。”后二语源出诸葛亮《与群下教》：“夫参署者，集众思、广忠益也。”但前二者是《三国志》里的评语：“诸葛亮之为相国也，抚百姓，示仪轨，约官职，从权制，开诚心，布公道。”却并非武乡侯诸葛亮的原话。成都府署之基址相传是诸葛忠武故第，结合正史，我们可以做出如下推测：诸葛亮在成都有桑树八百株、薄田十五顷，为其仅有之私产。他的故第则捐给了公家，成了后世的政务机关。关于那两头石狮，还有一个有趣的传说，见载于道光二十一年进士汪堃[1]《寄蜗残赘》卷七：“成都府署二堂内有石狮二，制作浑朴，高三尺许。人摸其头，则头痛；摸其身，则身痛。四旁以木围之，恐人不知而悮近之也。月明之夕，时见滚跃庭中，然不为人害。相传为蜀汉时物。”

《蜀海丛谈》同条又云：“成都府知府驻省城，故又称首府。府治设同知二，曰：理事同知，水利同知；设通判一，曰：督捕通判。此外辖州县共十六，曰：崇庆州、简州、汉州、成都县、华阳县、双流县、温江县、新繁县、金堂县、新都县、郫县、灌县、彭县、崇宁县、新津县、什邡县。”这些州县，“皆地近省会，田土沃衍，人民繁庶”。其中新都县“为明杨升庵先生故里，有桂湖，即其宅址，颇擅名胜，桂树尤多，秋来香闻十余里”。杨升庵写有一阕《临江仙》：“滚滚长江东逝水，浪花淘尽英雄。是非成败转头空。青山依旧在，几度夕阳红。白发渔樵江渚上，惯看秋月春风。一壶浊酒喜相逢。古今多少事，都付笑谈中。”道尽了诸葛亮时代的风云变幻，让人印象深刻。关于桂湖及其桂树，《蜀游闻见录》的描述更为详尽：“湖水澄清，经冬不涸。宽广近四十亩，插编篱棘，种红白莲殆遍。亭榭参差，大半近水。正殿宏敞，在水中央，供奉升庵先生木主。西南逼近城根，有桂树七八十株，皆躯干伟大，高并城垣，每秋花开，几百余担，各城镇之营茶叶及糖点业者均来此趸购。说者谓此树明末时栽，殊可信也。”

何为“同知”？清代直隶厅及各散厅之主官称为同知。其中有一些同知则加“抚民”或“理事”之衔。理事同知掌管所在厅之一切行政事务。据光绪《大清会典》，其时于顺天府、奉天府及直隶、山东、山西、河南、江苏、福建、浙江、湖北、陕西、甘肃、四川、广东等省直隶厅及厅之同知内，加理事之衔者共有二十人。据《蜀海丛谈》卷一《制度类上》“各厅州县”条，“水利同知，驻灌县城内，专司都江堰之水利。”

“灌县古名都安县，又名导江县。”周询说：其“境内虽有平原沃壤，然山居多半。且当西路咽喉，松、理、茂、懋出入货物皆集中于此。商业亦盛，政务殊繁。……地近边夷，山谷幽深，青城尤擅名胜。”松、理、茂、懋概指阿坝州，边夷即州内常住的少数民族，灌县和阿坝州自古就是唇齿相依的——“灌口为叠茂喉襟，威茂为灌口障蔽”（转引自清陈克绳《保县志》）。而为生存计，州内少数民族“冬则避寒入蜀，庸赁自食，夏则避暑反落”（《华阳国志·巴志》），亦必经灌县，所以谓之“当西路咽喉”。

灌县名胜除了青城山，还有大名鼎鼎的都江堰。周询如是介绍：“都江堰为秦太守李冰所创建，又名都安堰，又名湔堰、犍尾堰，在灌县城西南二十五里。”诸葛亮北征，以此堰为“农本”（《水经注·江水》），可见其对农业的重要性。周询接着说：“编竹为笼，圆径三尺，长十丈，以石实其中，堆如象鼻状以捍水。”李冰为了防止岷江决口，毁坏堤堰，于是伐竹破竹，编成直径三尺、长十丈的镂空圆笼，然后在中间填满大小卵石，累积于岸边以壅堵减缓滔滔江水的冲击。这种防洪工程又名“楗尾”，作“犍尾”则误矣。《史记·河渠书》“下淇园之竹以为楗”，司马贞索隐曰：“楗者，树于水中，稍下竹及土石也。”周询特别指出：“内外两江田水悉恃此堰调剂。宝瓶口刊有水则，与今川江行轮后两岸所标识之水码相似，例定由同知五日一报，分呈总督、藩司、成绵道、成都府。其余堰工岁修及以时开堰封堰等事，均为同知专责。”这个同知，也指水利同知。

《蜀海丛谈》里还有不少传奇故事，如卷三《人物类》有关文殊院的一段：“文殊院在成都城内北隅，绀宫琳宇，缁徒数百，为成都四大丛林之一。人多不知创建之初，实罗壮勇公一人力也。公名斯举，四川东乡县人，少时为绿林之豪。有渠魁某，公兄事之。官兵捕急，遂失散。公投入行伍，十余年间，积功至四川提督，封男爵，加太子太保，准专折奏事。时文殊院旧址名慈悲庵，在北较场口，有僧十余人，一小刹耳。一日，公赴较场检阅部伍，甫毕事，行不数十武，大雨如注，左右请至庵稍避，公颔之。庵中方丈闻爵帅至，率大比丘众出迓。公于众僧中，蓦见渠魁某在内。濒行，谓方丈曰：'此地清净可喜，我得暇当再来。'未数日，率材官数人，微服至庵，约寺众逐一与谈。方丈心异之，从屋后潜听，至某僧，公以在绿林时隐语动之，某始知为公。盖公既更名，且贵后仪容亦小异也。方丈闻此僧与公各话别后事，时笑时泣，缕缕不已。公去后，方丈召众僧问曰：'汝等愿此庙兴旺否？'众曰：'焉有不愿者。'方丈曰：'此其时矣！'立召某僧至座前，以衣钵付之，遣人报公曰：慈悲庵方丈已退院，某僧继作方丈矣。公知方丈解人，大喜，立出缘薄募款修庙，公首倡捐十万两。落成，殆费数十万。又为广置腴田，以资常用。易名曰：文殊院。院中大雄宝殿有石柱四十八茎，大皆两人合抱，长逾三丈，不能入城。公奏请拆北城一段，使之入。拆修之费皆由公捐给，竟得旨允行。至今柱末尚多有'罗斯举捐助'数字可辨。又院有祖堂，专供奉历代方丈之遗像，最上一帧即某僧，所谓开山祖师也。"真像电影一般，曲折有趣。

备注：

① 号寄蜗、樗园退叟，江苏昆山人。

《芙蓉话旧录》里的天府成都

成都平原是中国最富饶的平原。一年可收三熟或四熟。主要物产是大米、丝绸、鸦片、烟草、糖、红薯、靛青、桑皮纸、菜油和其他油类、玉米、棉花，还有各种水果和根茎作物，香瓜和西瓜产量惊人。丰富的水力产生了不少面粉和油磨坊，平原上道路四通八达，交通密集，船可以从灌县、成都和江口到达长江。成都多桑树，多彩的树林中能看到橘，混杂在鲜艳的枝叶中；到处都在纺纱织布，土地绝对没有杂草，看起来仿佛是用泥刀和耙子在耕作，如爱默生曾贴切地说，“耕种是用铅笔而不是犁”。常有一些小庙，或不如说是神龛，由实体的砖石造成，供奉土地神，偶像上附有露天的浮雕，龛前香火不断。整个白天，鸡公车的吱嘎声没有片刻停歇，农业欣欣向荣，呈现出一幅乡村平静安宁的图画。

上述是英国旅行家伊莎贝拉·伯德·毕晓普于光绪二十二年（1896）亲眼所见的成都风光，跟光绪时举人周询看到的并无二致，只不过周氏用笔极简，竟以“平原沃壤”四字了之；

再费辞，也不过“民物殷阗，地广土沃”“田土沃衍，人民繁庶”数语而已。

在《〈蜀海丛谈〉里的天府成都》一文中，已对周询做过介绍。下面拟从《芙蓉话旧录》各卷内摘引一些涉及天府文化的段落，依旧略加解读，以填补前文的不足与未逮。

作为地名，“成都”到底始于何时呢？《芙蓉话旧录》卷一“县界”篇云：“成都之名，始于周末。”这个论断是对的。倘若再表达得准确点，可以说成：始于战国。

锦江区江南馆街北侧发现的唐宋街坊遗址里，有纵横交错长达数十余米的铺砖街道，用特制的细长条形砖竖砌而成，或呈“人字形”，或呈“回字形”。路面中间略高于两侧，路面有明显的车轮碾压痕和使用损坏后的修补痕迹。那么，清代成都的街道又是怎样一种状态呢？《芙蓉话旧录》卷一“街道”篇云：“清季开办警察时，全城四门及附郭街道，大小共五百有奇。时未改筑马路，街面最宽者为东大街，宽约三丈。次则南大街、北大街、总府街、文庙前后街，皆二丈许。其余多不及二丈，惟科甲巷最狭，阔仅数尺。各街面悉敷以石板，两旁有阶，高于街面四、五寸，阶上宽二尺内外。两旁人家屋檐悉与阶齐，雨时行人可藉檐下以避。水沟悉在阶下，平时与街面同覆以石，故俗呼‘阴沟’。每岁春夏间，必启石疏浚一次。城内外各街平坦，无一陂陀。地势以中暑袜街、提督街一带为较低，遇霪雨时，恒患积水。全城沟水多汇于金水河及护城河流出，城内又有巨塘十余处，亦可受水。”

“城内之金水河及护城河皆岁久淤浅，河身复狭。两岸居民多倾弃尘秽，且就河边捣衣涤器，水污浊不能饮，故城内触处皆有井。”《芙蓉话旧录》卷二“饮料”篇如是说。“成都古称‘陆海’，土甚薄，凿二丈许即得水。各街既有公井，人家亦多有私井，私井听邻近汲取者亦多，故井水最为普通。”周询对“陆海”一词的理解，好像有点望文生义。山川物产富饶，恰似大海包含万物，谓之陆海。古人最初称关中为“天下陆海之地”，后来移指成都平原。正如“沃野千里”一词，最初也是赞的关中，后来几乎变为成都的专属写照了。

在千里平原之上，成都四面“平衍无山，山之最近者亦在六七十里外。城中人有生长未尝远行者，至不知山作何状。城内最高楼上，遇晴霁时，可微见灌县一带山影，然亦不过翠痕杳霭而已。城外可供游眺者，惟工部草堂、丞相祠堂、薛涛井、濯锦楼数处名胜”。《芙蓉话旧录》卷四“游览”篇这样写道。周询认为，成都游览之胜地，“舍此数处，即无可纪”。至今，这几处仍是成都的特色景点。

成都的许多名小吃倒是给周询留下了深刻印象，其《芙蓉话旧录》卷四“小食”篇载：“市上如水饺、肉包、豆花、汤元、油条、馎饦等类，皆各地最普通之小食品。（馎饦，成都呼曰‘锅魁’。）此数种中，当日成都，亦不乏出类拔萃者。水饺，各小食店皆售之，而以冻青树街之亢姓为最驰名。亢姓业此始百年，专售水饺一种，以生肉为馅，每枚售钱二方。每日用肉若干斤，面若干斤，皆有一定限度，售毕即停贸，往食者稍晚即不能得。调和极精，尤以辣子末（俗呼‘辣子面’）为他家所不及，故多专购其辣子末作家常之用，且赍至远方馈人者，亢姓亦以此致富。肉包，最早以老玉沙街口者为最，每枚三方，购至十枚，则减为二十八文；兼售汤元，亦极精细，每枚二文。后三倒拐街之王姓亦继起有声，王姓兼售蒸饺及酿肠，亦色色精美。其蒸饺、肉包之价，与老玉沙街之肉包同。豆花，各饭店均有，然以山西馆街者为最善，专售豆花，连调和每小碗钱三文，不兼售饭，只兼售锅魁以佐之，每日食者几无虚席。又北门外有陈麻婆者，善治豆腐，连调和物料及烹饪工资一并加入豆腐价内，每碗售钱八文，兼售酒饭。若须加猪、牛肉，则或食客自携以往；或代客往割，均可。其牌号人多不知，但言陈麻婆，则无不知者。其地距城四五里，往食者皆不惮远，与王包子同以业致富。油条更为普通，由作坊发与各小贩用扁竹篮盛往各街叫卖，家家皆可就门前购食，每条三文，购至三条，则减为八文。锅魁每枚四文，购至两枚，则七文，三枚则十文。又洗沙包子，作方形，上印‘囍’字，大倍于肉包，每枚四文。米蒸黄糕，每枚二文。当时成都人家，殆无不以此数种作早点者，亦生活低下之一斑也。”

蜀梅纤缕蜀姜辛
晕碧裁红更可人

成都古人怎样过四时八节

一、迎春送腊，观鱼礼塔

诸子百家之《隋巢子》曰：“鬼神为四时八节，以纪育人。”何谓“四时八节”？春、夏、秋、冬，就是四时；八节指立春、春分、立夏、夏至、立秋、秋分、立冬、冬至。后来，四时八节又泛指一年四季中各节气节日。

自古迄今，成都人都好玩，都善玩，四时八节，全城游赏之盛，雄居西蜀之冠。为何如此呢？前贤认为，是“地大物繁，而俗好娱乐”的缘故。成都沃野，吃喝不愁，人民自然会乐其岁物之丰成，而喜游宴。于是，骑从杂沓，车服鲜华，倡优鼓吹，满街纷呈，士女栉比，阗道嬉游，如此这般，林林总总，岁岁在固定的节日里反复上演，便有了古人所谓“故事”、今人所谓“节日习俗”。

成都的休闲游乐之风由来已久，大抵成形于两汉，唐宋时达到鼎盛。粗略说来，两汉宴饮之乐，唐宋游赏之欢，明清庙会之繁，民国青羊花会倾城参与，等等，皆为一时之盛事。成都人在悠游名胜、流连美景、沉浸丝竹的同时，仍不忘劝课农桑、发展经济，于是整个成都平原乃有了“天府陆海”之美誉。而植根于蜀地丰裕物产基础上的悠闲舒适，遂成为成都最为鲜明的城市特色之一，不但至今不变，还大有愈演愈烈之势。

汉时成都，立春日有迎春之祭，十二月则举行送腊之祭。扬雄《蜀都赋》记载：“尔乃其俗，迎春送腊。百金之家，千金之公，干池泄澳，观鱼于江。”冬去春来，成都人民都会迎春送腊，其中的那些百金之家、千金之公，更是财大气粗，要么淘干池塘泄出澳湾之水，涸泽而渔，要么泛舟江上，观赏鱼跃。不啻此也，他们还有其他“吉日嘉会”可以饮酒作乐：“置酒乎荥川之闲宅，设坐乎华都之高堂。延帷扬幕，接帐连冈。众器雕琢，早刻将皇。”于水边闲宅、豪华高堂设坐置酒，这是在室内联欢。“延帷扬幕，接帐连冈。众器雕琢，早刻将皇。”四句，则是在户外野餐，件件餐具皆璀璨华美。

唐宋时，成都每月都有主题集市：“正月灯市，二月花市，三月蚕市，四月锦市，五月扇市，六月香市，七月七宝市，八月桂市，九月药市，十月酒市，十一月梅市，十二月桃符市。”（赵抃《成都古今集记》）有些集市全国其他地区也存在，比如五月以出售扇子等节物为主的扇市。唐人李淖《秦中岁时记》载：“端午前两日，东市谓之扇市，车马特盛。”有些则极具地方特色，譬若蚕市。宋人祝穆《方舆胜览》云：“成都，古蚕丛氏之国，其民重蚕事。”故一岁之中，正月至三月，皆有蚕市，于五门、宝历寺、大慈寺、圣寿市、龙兴观、龙女祠等地鬻卖花木、蚕器。

赶集与过节，往往交叉进行，有时竟难截然分开。下面以旧题费著《岁华纪丽谱》的著录为例，逐条简介唐宋成都人的过节习俗。

费著，生卒年不详。进士出身，授国子助教，曾任汉中廉访使，后调重庆府任总管，官至太史院都事、翰林学士。整理编纂有《岁华纪丽谱》《蜀锦谱》《蜀名画记》等，详赡记述了唐宋时期成都的人文历史、民情风俗、娱乐游宴、土特物产、饮食文化、书画艺术等。其中《岁华纪丽谱》是记叙唐宋成都民情风俗、游乐景观的专志，它按照时间顺序记载了从正月元日至岁末冬至的各个节庆里成都官府、百姓游乐庆贺的全过程，生动而细致。

成都一岁“故事”，始于元日礼塔。“正月元日，郡人晓持小彩幡游安福寺塔，粘之盈柱，若鳞次然，以为厌禳、惩咸平之乱也。塔上燃灯，梵呗交作，僧徒骈集。太守诣塔前张宴，晚登塔眺望焉。”此为《岁华纪丽谱》正文第一则。正月初一这一天，成都士女大集于安福寺，燃香拜塔，并挂幡其上，以祈祷天下太平。安福寺塔，俗名黑塔，共有十三级。塔前的宴席之上，当然离不了屠苏酒，有范成大《丙申元日安福寺礼塔》一诗为证：“新年后饮酴酥酒，故事先燃窣堵香。”“窣堵香”，即是礼敬佛塔时烧的香。

关于正月初二、初三这两天的节目，宋人田况有《二日出城》一诗，陆游有《正月二日晨出大东门是日府公宴移忠院》一诗，范成大有《丁酉正月二日东郊故事》《初三日出东郊碑楼院》二诗，后者题下自注：“故事：祭东君，因宴此院。蜀人皆以是日拜扫。”东君，乃司春之神。祭东君及早晚张宴都是官方的事，民间则在此日扫墓祭祖。《岁华纪丽谱》的记载是：“二日，出东郊，早宴移忠寺（旧名碑楼院），晚宴大慈寺。清献公记云：‘宴罢，妓以新词送茶，自宋公祁始。盖临邛周之纯善为歌词，尝作《茶词》，授妓首度之以奉公，后因之。’”清献公即谥号“清献”的赵抃（1008—1084），其记指《成都古今集记》。

正月初五，太守仍要摆席。“五日，五门蚕市。盖蚕丛氏始为之，俗往往呼为蚕丛。太守即门外张宴。”蚕丛氏初为蜀侯，后称蜀王。尝服青衣巡行郊野，教民蚕事，乡人感其德，乃立祠祀之，蚕市或也因他而起。

正月十四、十五、十六日，成都多处举行各种灯会，盛况不减京师。“上元节，放灯。旧记称：唐明皇上元，京师放灯，灯甚盛，叶法善奏曰：‘成都灯亦盛。’遂引帝至成都，市酒于富春坊。此方外之言，存而勿论。咸通十年正月二日，街坊点灯张乐，昼夜喧阗，盖大中承平之余风。由此言之，则唐时放灯不独上元也。蜀王孟时，间亦放灯，率无定日。宋开宝二年，命明年上元放灯三夜，自是岁以为常。十四、十五、十六三日，皆早宴大慈寺，晚宴五门楼，甲夜观山棚变灯。其敛散之迟速，惟太守意也。如繁杂绮罗，街道灯火之盛，以昭觉寺为最。又为残灯会，会始于张公咏。盖灯夕二都监戎服分巡，以察奸盗。既罢，故作宴以劳焉。通判主之，就宣诏亭或汲虚亭。旧以十七日，今无定日，仍就府治专以宴监司也。”正月十七日，在成都府中宴请监司[①]，以答谢他们在灯会期间巡夜的劳苦。

“二十三日，圣寿寺前蚕市。张公咏始即寺为会，使民鬻农器。太守先诣寺之都安王祠奠献，然后就宴。旧出万里桥，登乐俗园亭，今则早宴祥符寺，晚宴信相院。”张公咏即张咏（946—1015），字复之，号乖崖，谥号忠定，濮州鄄城（今山东鄄城）人。太平兴国年间进士。累擢枢密直学士，真宗时官至礼部尚书。诗文俱佳，是北宋太宗、真宗两朝的名臣，尤以治蜀著称。都安王祠供奉的是李冰，故又称“李冰祠”。

“二十八日，俗传为保寿侯诞日。出笮桥门，即侯祠奠拜。次诣净众寺邠国杜丞相祠奠拜，毕事，会食。晚宴大智院。”唐大中年间，邠国公杜丞相兴建净众等寺门屋，所以寺内有杜丞相祠。这丞相叫杜悰（794—873），字永裕，京兆万年（今陕西西安）人，乃是司徒杜佑之孙、诗人杜牧的从兄。

二、二月到冬至，游赏几无虚辰

仲春时节，成都平原上，红肥绿瘦，一望无际，四周群山缥翠，水光潋滟，人们纷纷相约，出外踏青。《岁华纪丽谱》如是说：“二月二日，踏青节。初郡人游赏，散在四郊。张公咏以为不若聚之为乐，乃以是日出万里桥，为彩舫数十艘，与宾僚分乘之，歌吹前导，号小游江，盖指浣花为大游江也。士女骈集，观者如堵。晚宴于宝历寺。公为诗，有曰：‘春游千万家，美人颜如花。三三两两映花立，飘飘似欲乘烟霞。’公铁心石肠，乃赋此丽词哉！后以为故事。清献公为记时，彩舫至增数倍，今不然矣。”张咏的诗题为《二月初二日万里桥小游江宴集诗》。其游江一事及其反响，被田况《二月二日游江会宝历寺》一诗概括为这样几句："昔日张复之，来乘寇乱余。三春虽宴赏，四野犹艰虞。遂移踏青会，登舟恣游娱。戎备渐解弛，人情悉安舒。"

"八日，观街药市。早宴大慈寺之设厅，晚宴金绳院。"观田况《八日大慈寺前蚕市》一诗可知，二月八日这一天，成都还有蚕市，地点就在大慈寺前。

"三月三日，出北门，宴学射山。既罢，后射弓，盖张柏子以是日即此地上升，巫觋卖符于道，游者佩之，以宜蚕辟灾。轻裾小盖，照烂山阜。晚宴于万岁池亭，泛舟池中。"传说蜀汉后主刘禅曾于此学射，故得名学射山。又有张柏子居此学道，某年三月三日学成而飞升。尔后，每逢此日，蜀人则诣通真观祷其神，从道士受秘箓以归，说是能避灾。都人士女，往往被珠贝、服缯锦而游山，一时之间，真有藻绘岩麓、映照原野之概。万岁池即张仪筑城取土处，在成都府之北。

"九日，观街药市，早晚宴如二月八日。"田况有《九日大慈寺前蚕市》一诗，描写成都此日街景。由是可知，药蚕二市同期而异地，亦如二月八日。蜀人注重蚕事如此。

"二十一日，出大东门，宴海云山鸿庆寺，登众春阁观摸石。盖开元二十三年灵智禅师以是日归寂，邦人敬之，入山游礼，因而成俗。山有小池，士女探石其中，以占求子之祥。既又晚宴于大慈寺之设厅。"田况、范成大等地方官都曾随风俗，顺民情，登过海云山，看过游人摸石祈子，而且均有诗记之。

"二十七日，大西门睿圣夫人庙前蚕市。初在卜市桥前，田公以祷雨而应，移于庙前。太守先诣庙奠拜，宴于众净寺，晚宴大智院。”睿圣夫人庙即高骈筑城所迁之龙女祠，卜市桥即小西门雁桥。田公全名田况（1005—1063），字元均，北宋大臣。在成都知府任上特别重视教育事业，受到了蜀人的爱戴。

“寒食，出大东门，早宴移忠院，晚宴大慈寺设厅。曩时寒食，太守先设酒馔于近郊，祭鬼物之无依者，谓之遥享。后置广仁院，以葬死而无主者，乃遣官临祭之。而民间上冢者，各蚁集于郊外。天禧三年，赵公稹尝开西楼亭榭，俾士庶游观。自是每岁寒食，辟园张乐，酒垆、花市、茶房、食肆过于蚕市。士女从观，太守会宾僚，凡浃旬，此最府廷游宴之盛。近岁自二月即开园，逾月而后罢，酒人利于酒息，或请于府展其日，府尹亦许之。”田况有《寒食出城》《开西园》二诗，描述的也是寒食节成都游宴之盛。

“四月十九日，浣花佑圣夫人诞日也。太守出笮桥门，至梵安寺谒夫人祠，就宴于寺之设厅。既宴，登舟观诸军骑射，倡乐导前，溯流至百花潭，观水嬉竞渡。官舫民船，乘流上下，或幕帘水滨，以事游赏，最为出郊之盛。清献公记云：‘往昔太守分遣使臣以酒均给游人，随所会之数以为斗升之节。自公使限钱，兹例遂罢以远。民乐太平之盛，不可遽废，以孤其心，乃以随行公使钱酿酒畀之，然不逮昔日矣。’”对此，宋人任正一《游浣花记》叙述尤详：“成都之俗，以游乐相尚，而浣花为特甚。每岁孟夏十有九日，都人士女丽服靓妆，南出锦官门，稍折而东行十里，入梵安寺，罗拜冀国夫人祠下，退游杜子美故宅，遂泛舟浣花溪之百花潭，因以名其游与其日。”成都人于其他游观活动并不会全体参与，至浣花之游，则会万人空巷，倾城而出，或架舟如屋，荡漾波间，没船的就依岸结棚，绵亘数里，以阅舟之往来。即便是贩夫走卒，这一天就算借钱，也要作穷日之游。此不仅“最为出郊之盛”，也是成都一年游赏的巅峰了。陆游客蜀数年，也曾屡次参加。他说：“四月十九日，成都谓之‘浣花遨头’，宴于杜子美草堂沧浪亭。倾城皆出，锦绣夹道。自开岁宴游，至是而止，故最盛于他时。”最奇妙的是，每年此日都是晴天。“蜀人云：虽戴白之老，未尝见浣花日雨也。”（《老学庵笔记》卷八）

“五月五日，宴大慈寺设厅。医人鬻艾，道人卖符，朱丝彩缕、长命辟灾之物、筒饭、角黍莫不咸至。”挂艾禳毒，系丝避灾，以及食粽之习，汉晋已然，天下所共，成都的端午节风俗并无特色可以称道。

“六月，初伏日会监司，中伏日会职官以上，末伏日会府县官，皆就江渎庙设厅。初，文潞公建设厅，以伏日为会避暑，自是以为常。早宴罢，泛舟池中，复出，就厅晚宴。观者临池张饮，尽日为乐。清献公使限钱，但为初伏会，今因之。”江渎庙前临清池，有岛屿竹木之胜，红蕖夏发，水碧四照，为一州之美观。田况即有《伏日会江渎池》诗，中有句云：“今辰纵游不觉暮，形为外役暑亦忘。”正是尽日避暑为乐之意。

“七月七日，晚宴大慈寺设厅，暮登寺门楼观锦江夜市，乞巧之物皆备焉。”寺门楼即雪锦楼。田况有《七月六日晚登大慈寺阁观夜市》一诗，可知七月六日及七夕，成都均有登楼远眺锦江夜市的习俗。

“十八日，大慈寺散盂兰盆，宴于寺之设厅。宴已，就华严阁下散盆。”田况有《七月十八日大慈寺观施盂兰盆》之诗。散盆，意即施盂兰盆。

“八月十五日，中秋玩月。旧宴于西楼，望月于锦亭，今宴于大慈寺。”除了赏月，成都中秋之夜，也没有什么特殊的节目。

“九月九日，玉局观药市。宴监司宾僚于宣诏堂，晚饮于五门，凡二日。官为幕帟棚屋，以事游观，或云有恍惚遇仙者。”陆游对此日印象极深，他说：“成都药市以玉局观为最盛，用九月九日。”关于遇仙，田况《重阳日州南门药市》诗云：“成都处士足传记，劝诫之外多奇谈，盛言每岁重阳市，屡有仙迹交尘凡。”

“冬至节，宴于大慈寺。后一日，早宴金绳寺，晚宴大慈寺。清献公记云：‘至前一日，太守领客出北门石鱼桥，具樽豆，观樵已，乃即天长观晚宴。盖文潞公始为之，后复罢。’”田况有《冬至朝拜天庆观会大慈寺》之作，范成大亦有《至日天庆观朝拜》之诗，“天长观”应为“天庆观”之讹。成都一年节日之纷繁与热闹，至此终结。

三、清代成都之民情风俗

四川简阳人傅崇矩（1875—1917）编撰有《成都通览》一书，宣统年间由成都通俗报社陆续印出。举凡山川气候、风土人情、士农工商、饮食方言、凡百物价，靡不毕载。其中《成都之民情风俗》一章，详细记叙了从正月到腊月清代成都的各种游乐活动，让我们得以窥见百年之前的稀奇与闹热。现依次择要介绍如下，有些习俗大约是延续到了民国乃至今朝的。

正月初一，成都人“早晚均燃香烛，敬天地祖宗”。家里“忌用刀剪针类，并忌吃饭，以面代饭”[②]。若出外，则“多游丁公祠或望江楼”，也有游武侯祠的，“以武侯祠、丁公祠二处为热闹”。这一天，城区“街市停贸易，关门闭户，只有小本营生者，专售小儿女之钱，如甘蔗、橘子、面食、凉粉、花炮、响簧、小灯、大头和尚、戏脸壳、灯影、糖饼、花生、升官图、纸牌、骰子之类”。也偶有商铺开张者，“谓之提门，随即掩闭，不过用红绫纸锞挂上招牌耳”。初二以后，“提门者甚多。其大开张之日，均另择吉期”。初六，“妇女回娘家，拜年，或择吉使小儿出行”。初七，“游工部草堂”。“初九日夜起，各庙宇、各人户均点灯笼，谓之上灯”或出灯，“直点至十六日为止”。十五日，“过大年，吃元宵（即汤元也），敬神送年，烧去纸门钱”。十六日，“游百病（周游城垣），夜放花炮，过厚脸年”。游百病，又称“走百病”，民间有“正月十六游百病，游了百病不生病”之谚。

“二月十五日，赶青羊宫花会。按：二月惊蛰，有闻雷抖席子之事，谓可免蛇蚤。”明末清初成都受战乱影响，暂停了花会，到乾隆年间才恢复。清末花会向新式劝业会转型，民国时达到全盛，成为集文化、商业、娱乐为一体的春游活动。《千金月令》说：“惊蛰日，取石灰糁门限外，可绝虫蚁。”这跟闻雷抖席一样，都是在百虫出蛰时给它一个下马威，希望害虫不要来骚扰人类。

“三月初三日，买荠荠菜。扫灶头，可免虫蚁。抢童子，敬娘娘神。按：三月清明节，上坟。或蒸清明馍馍，又名清明糕粑粑。或折柳枝，戴在身旁，谚云：‘清明不戴柳，死去变黄狗。端阳不戴艾，死去变妖怪。’”后来，每逢清明时节，在文殊院旁的娘娘庙依然有“抢童子”之俗，现场道士撒假童子，抢到的人据说会得子。清明馍馍或清明糕粑粑，是用清明草和面做的，今日成都的辖县上还可以买到。

四月初八，“浴佛，看放生会，嫁毛虫。”嫁毛虫的风俗，在清代到民国的四川各地县志中多有记述。如咸丰《云阳县志》所记，此日清晨，敬佛上香后，在纸上写道：“佛生四月八，毛虫今日嫁，嫁往深山去，永世不归家。”然后遍贴户牖，则毛虫不敢入，颇有效验。二十八日，“药王会。医生、药铺收礼敬神。按：立夏日，用大戥秤人，计其斤数，谓夏至秤人不害病”。

五月，“过端午，俗名过端阳。”有些什么节目呢？《成都通览》载：“收账。开账。送节礼。包粽子。煮盐蛋。包盐蛋、皮蛋、灰蛋。买红白糖、酒、雄黄、蒜。送草香。做香包洗澡药。挂菖蒲、陈艾。取蟾酥。做艾虎。拜节。送扇子。买鳝鱼吃。搽雄黄酒。”当今的成都人过端午，仍旧爱在自家门旁挂菖蒲、陈艾。

六月，“初六日，做王爷会。十九日，观音会。按：六月伏日，做胡豆办，晒皮衣”。胡豆办，即豆瓣。六月伏日晒皮衣，大约是“六月六，晒红绿”之古俗的演变。

七月，“初七日，土地会。夜间敬巧神，买豆芽乞巧”。蜀语称这种豆芽为“巧芽”[③]。“初十日起，至十五日止，做盂兰会，烧袱子，俗名‘祖宗过节’，又云‘初十日开鬼门关，十五日收鬼门关'。"收就是关闭的意思。烧袱子，湖北叫烧袱包。《沔阳县志》载："七月十五是中元节，家家烧袱包，以祭祖先，做盂兰大会，一些吃斋的人踊跃赴会，传说'七月初一鬼门开，七月十五鬼门关'，故袱包可以从十一烧到十五。""七月初一鬼门开，七月十五鬼门关"之说与"初十日开鬼门关，十五日收鬼门关"云云略异。二十一日，"各商铺做财神会。按：立秋日，吃秋水，谓可免痢疾"。

八月中秋节，项目也极多，有"收账。开账。买月饼。敬月光。买麻饼。小娃耍满天星。买牛肉。送节礼。买果木：核桃、柿子、石榴、板栗、梨子、佛手"。二十七日，"做孔子会"。

九月，"初九日，重阳，登高，到望江楼或城内之鼓楼蒸酒"。十九日，"做观音会"。

十月，"初一日，牛王会。打糍粑。乡间牛角上戴铁糍粑。看城隍出驾。送寒衣，上坟"。传说若不用糍粑粘牛角，牛的泪水便会滂滂流下。不同的地方亦有不同风俗，安徽举行牛王会，则是在六月初八。

"冬月十九日，做太阳会。按：冬至日，祭祖。杀猪腌过年肉，或装香肠"。杀过年猪，腌腊肉，装香肠，沿袭至今，未曾大变。

腊月，"初八日，煮腊八稀饭"。腊八稀饭，即腊八粥。"十六日，名曰倒牙"。倒牙，刘沅（1767—1855）《蜀中新年竹枝词》写作"祷牙"。"二十三日、二十四日，焚灶，拆祭灶用果品、白麻糖、茶酒、灶马。按：祭灶后，商铺均开账飞，四处收账。十六日后，均有吃年饭者，办年货，打扬尘，刮对子。”民谚曰：“腊月二十四，掸尘扫房子。”北方叫扫房，南方叫掸尘，成都叫打扬尘。“三十日，除夕，守岁。”这一夜，成都“街户灯烛辉煌，火炮达晓”。

在“守岁”二字之下，《成都通览》还罗列了很多条目，分别是：“合年饭。迎新灶神。贴门神。贴春联。贴喜门钱。出天方。收账。开账。办年货。放炮。辞年。铺上门上贴拜年名片。打米酥。粘米花。送年礼。蒸年糕。买花。摆花。装点心。办新衣。买新帽。制新鞋袜。买挂面。点百果灶。”除夕买挂面，自然是为了翌日当饭吃；上文讲过，第二天乃正月初一，古时的“元旦”，清代成都人家里忌讳吃饭，是要“以面代饭”的。

备注：

① 有监察州县之权的地方长官。

② 《红楼梦》第二十回亦记，正月“闺阁中忌针黹”。

③ 详见《蕙风词话》卷五。

匠心独妙的成都智造

一、三星堆人以玉为兵

四川有一种鸟，名唤“子规”，相传是杜宇变的，此事被西晋文学家左思《蜀都赋》艺术而婉约地表达为：“鸟生杜宇之魄。”注家引《蜀记》云：“昔有人姓杜名宇，王蜀，号曰望帝。宇死，俗说云宇化为子规。子规，鸟名也。蜀人闻子规鸣，皆曰望帝也。”子规即杜鹃，蜀中最多，其啼叫之声恰似“不如归去”。

杜宇乃是第四代蜀王，他教导人们发展农业生产，人们尊他为“杜主”。他娶了一个云南美女做妃子，随后将国都移到了一个叫“郫”的地方，也就是今天的郫都区。在“瞿上”即今双流区牧马山一带也有宫室，国界远达峨眉山附近，于是他开始称帝，名曰“望帝”。望帝末年，洪水大暴发，蜀地成了一片泽国。当时还是蜀相的鳖灵率领人民凿开玉垒山，水患才得以解除。望帝见鳖灵能力很强，便把国家的政务全权委托给他。不久，又效法尧舜禅让，将帝印也传给了鳖灵。相传望帝退隐“西山”，死后魂魄变成了杜鹃鸟。每年农历二月，听到杜鹃鸟儿啼叫，蜀中百姓遂会怀想起杜宇，黯然神伤。

将包括青城等名山在内的岷山称作西山，较早见于东晋蜀郡江原小亭乡（今崇州市三江镇）人常璩的《华阳国志·蜀志》：“帝升西山隐焉。”时至今日，都江堰市民间仍有人称青城山道符为“西山字”。唐太宗贞观十五年（641年），朝廷与吐蕃联姻通好，灌口（今都江堰市）、松州（今松潘县）道路畅通，成为重要商道，名为“西山道”（今松茂古道）。这个“西山”指的也是南北逶迤711公里的岷山，它北起甘肃东南岷县南部，南止四川盆地西部的峨眉山，从松潘县到都江堰市的只是其中一段。诗圣杜甫的不少诗篇都提到过“西山”，如七律《野望》《登楼》和五律《赴青城县出成都寄陶王二少尹》等；另有三首五言古诗还直接以《西山》为题，并在题下自注：“即岷山，捍阻羌夷，全蜀巨障。”

岷山简直就是一座宝山，“其上多金、玉，其下多白珉。其木多梅、棠，其兽多犀、象，多夔牛，其鸟多翰、鷩。”所谓“白珉”，只是“玉”的一种。金沙遗址出土的玉料呈色丰富多彩，大多就来自岷山山区，另有部分可能取自附近河滩。

玉，对古人而言，非常珍贵而重要，在进入“青铜时代”之前，他们有过美好的“玉器时代”，或者说是“石玉并用时代”。

东汉初期史学家袁康撰《越绝书》，书中记录精于识剑、铸剑的楚国相剑家风胡子之语，将古人使用的兵器分为石、玉、铜、铁四个阶段，可能在一定程度上反映了社会实际发展的程序。他的原话是："轩辕、神农、赫胥之时，以石为兵，断树木为宫室，死而龙臧。夫神圣主使然。至黄帝之时，以玉为兵，以伐树木为宫室，凿地。夫玉，亦神物也，又遇圣主使然，死而龙臧。禹穴之时，以铜为兵，以凿伊阙，通龙门，决江导河，东注于东海。天下通平，治为宫室，岂非圣主之力哉？当此之时，作铁兵，威服三军；天下闻之，莫敢不服，此亦铁兵之神，大王有圣德。"当前，已有人根据考古中的玉器遗存，认为距今约四千至五千年的"铜石并用时代"，玉器已彻底脱离石器，不仅是当时人们财富与权力的象征，而且还是人们制造生产工具、生活用具、兵器乃至宗教礼器的主要材料品种之一，因而提出了"玉器时代"的概念。当时的玉簪、玉环、玉璜、玉玦一类是装饰用玉，为人所共知；而玉龙、玉鸟等可能为图腾神物，玉琮、玉璧等为宗庙礼器，具有宗教或权力的象征意义。在良渚文化遗址中，随葬玉璧、玉琮等礼器的墓主，应是有特殊地位的人物。红山文化的动物群玉雕，有龙、鸟、虎、龟、蝉、狗、蚕、鱼等，与商代玉器的主要题材相同，而与良渚文化的玉器群如玉琮、玉璧、玉璜、玉玦等，显系两个系统。但良渚文化的玉器群，同样在商、周得到继承和发展。如前面提到的玉璧、玉琮等，亦属商、周宗庙的礼器。春秋、战国迄秦、汉时期的玉器，礼玉渐少，而佩玉增多。春秋、战国是中国古代玉器发展的高峰时期，镂空、浮雕等手法普遍应用。当时，带有政治、道德与迷信色彩的成组配列玉器盛行，称为组玉，玉璧、玉环、玉龙、玉璜、玉管等皆成为组玉的一部分。

另有学者不以为然，认为中国古代实用兵器的材料只经历过石、铜、铁三个发展阶段。红山文化出土“玉兵”的器类最多，有斧、锛，刀、铲，凿等，但多无使用痕迹，实用兵器仍是石器，玉兵只是代表神威、兵威的礼器。良渚文化的玉钺更为尊贵，也只是兵权的象征。因此，就中国的实用兵器言，并没有一个玉器阶段。风胡子所说的石、玉、铜、铁，都强调一种“神”性，应该都指礼器。作为一种代表“神”威的礼器，中国至少在东部地区，确曾经历过石、玉、铜、铁四个阶段。红山文化与良渚文化就是典型的“以玉为兵”的时代。“伐树木”“治宫室”“凿地”“凿伊阙”“通龙门”“决江导河”等都不是“兵”事，而是生产劳动。可知他所说的兵器是包括生产工具的，古代兵器来源于生产工具，往往混而不分，工具有时也称兵器。对“当此之时”的“铁兵”时代，虽没有说到“凿地”等生产劳动，也没有说杀伐之事，而是说“作铁兵，威服三军；天下闻之，莫敢不服，此亦铁兵之神”。可见他说的铁兵仍是一种权杖，说的是这种权杖的“神”“威”。那么，中国广大地区在铁器时代以前，在生产工具方面有没有普遍经历过石、玉、铜三个时代呢？答案是否定的。中国到西周为止，所用的生产工具基本上都是石器，甚至木器。如果以“伐树木”“治宫室”“决江导河”所用器具来划分历史时期，中国只有吴越地区在春秋晚期与战国时期可称为“青铜时代”，广大黄河流域与长江中上游，不但没有“玉器时代”，而且没有“青铜时代”。总之，风胡子所说的石、玉，铜、铁，强调的是它们的“神”“威”，应指礼器、权杖。风胡子的话指全国而言，即把全中国的上古历史分为石、玉、铜、铁四个阶段，这有以偏概全之嫌。当代学者中，肯定中国有“玉器时代”者，也犯有这个弊病。根据现有的考古资料，中国的史前文化可分为面向海洋的东部地区与面向内陆的西部地区两个部分，这两大地区的史前文化各有特征，文明方式也有区别，东部地区经历过“玉器时代”，西部地区玉器文化相对落后，其龙山时期未必可称为“玉器时代”。世界各地区的文明方式是多样的，中国各地区的文明方式也是多样的，不可一概而论。

同样，成都博物馆展览的那件出土于三星堆遗址一号祭祀坑的玉戈不用于实战，也就可以确定，因为玉容易碎，又不够锋利，是经不起干戈碰撞的，根本不是金属兵器的对手嘛。

二、成都平原的青铜时代

“西南黑水之间，有都广之野。其城方三百里，盖天地之中，素女所出也。爰有膏菽、膏稻、膏黍、膏稷，百谷自生，冬夏播琴。鸾鸟自歌，凤鸟自儛，灵寿实华，草木所聚。爰有百兽，相群爰处。此草也，冬夏不死。”这段乐园式的生动描述，出自先秦的博物志《山海经·海内经》。另一版本写“都广”为“广都”。“都广之野”或“广都之野”就是成都平原在先秦的称呼。这时候，还没有“成都”这个地名，但已经有了规模不小的城池，有了相应的农业栽培。各种各样的谷物自然生长，无论冬季夏季，皆可以播种。其中菽、稻、黍、稷这些主食颗粒饱满且味道鲜美，被称为膏菽、膏稻、膏黍、膏稷，均冠一膏字，“言味好皆滑如膏”，膏者脂也，即猪油。广袤的平原之上，鸟兽成群结队，和睦相处。鸾鸟自由自在地歌唱，凤鸟自由自在地舞蹈，长得像竹子的灵寿树按时开花，其他草木也都葱茏茂盛，常绿常青，就如不会死亡一般。

除了文献记载，还有相应的地下旁证。古蜀之金沙遗址出土了数以吨计的象牙和众多的野猪犬齿、鹿角、麂骨、水牛角、黄牛角、犀牛骨、马骨等动物遗骸，以及大量的乌木、植物遗存。这些考古资料也证明，三千年前的成都平原呈现出一派森林密布、河渠纵横、动物繁多的景象。在这个绿色天地之中，古蜀先民每日与大自然亲密拥抱，和谐共生，甭提有多自由快活了。

平原边上则为重峦叠巘的岷山，据《山海经·中山经》记载，“其上多金、玉，其下多白珉。其木多梅、棠，其兽多犀、象，多夔牛，其鸟多翰、鷩。”这个“金”是金属矿物的统称，包括金矿、银矿、铜矿、铁矿、铅矿、锡矿，等等。后来的地方志之祖《华阳国志·蜀志》也说：“其宝则有璧玉、金、银、珠、碧、铜、铁、铅、锡、赭、垩、锦、绣、罽、氂、犀、象、毡、毦、丹、黄、空青、桑、漆、麻、纻之饶。”其中的金、银、铜、铁、铅、锡，均可称之为“金”。

在成都大儒扬雄的想象里，古蜀先民还是“不晓文字，未有礼乐”的原始人群，他们是否已经懂得开采这些金矿、银矿、铜矿、铁矿、铅矿、锡矿，并用它们来冶炼金、银、铜、铁、铅、锡，进而熔铸一些容器呢？史籍上虽然没有正面的叙写，但答案却是肯定的。

《华阳国志·蜀志》有这样一句话：“九世有开明帝，始立宗庙，以酒曰醴，乐曰荆，人尚赤，帝称王。”大意是讲：开明九世，废除帝号，重新称“王”，并开始建立宗庙，把酒叫作“醴”，把音乐叫作“荆”，喜欢并崇尚红色。从这条史料中可以看出，到了开明九世时，古蜀国在礼乐制度上进行了改革，建立起一套为巩固国家政权所必需的宗庙祭祀制度。酒与乐，都是宗庙祭礼中的必备品。中原商代就有了名叫“醴”的甜酒，开明九世“以酒曰醴”，表明古蜀地区不甘落后，也能生产醴类美酒。有了酒，自然得有装酒、盛酒之器。如果说，生活在三星堆的古蜀先民使用的酒器还是以陶质为主①，那么，西周以后，古蜀酒器则步入了它的青铜时代。

青铜是人类历史上一项伟大发明，它是红铜②和锡、铅的合金，也是金属冶铸史上最早的合金，具有熔点低、硬度大、可塑性强、耐磨、耐腐蚀、色泽光亮等特点，适用于铸造各种器具。而考古发现出土的若干种青铜器，其主要用途之一，便是作为酒器。

古蜀青铜酒器在各地均有出土，大都发现于墓葬和窖藏，主要器类有尊、觯、彝、壶、缶、钫、勺、鍪、罍等9种。尊，三星堆遗址出土的八鸟四牛尊，是古蜀国自己的产品，八鸟四牛，生动可爱，栩栩如生。觯，发现于彭县竹万街铜器窖藏，一件上有“牧正父己”铭文，一件上有“覃父癸”铭文③，是古蜀人参加周武王伐纣战争所获战利品。方彝，为中原形制，出土于三星堆二号坑。壶，出于新都区马家乡与成都百花潭战国蜀墓。缶，出于成都羊子山172号战国墓和新都马家战国墓，风格酷似。钫，同出于羊子山172号墓。勺，成都市三洞桥发掘的“巴蜀图语铜勺”，其图语组合无异于一部绘图版古蜀简史。鍪，战国后新出的巴蜀青铜酒器，亦见于新都马家战国墓。

至于罍，作为巴蜀常见的盛酒器，我们可以多说两句。

用青铜所铸造的罍，古称“金罍”。《诗经》里就有对它的特写：“陟彼崔嵬，我马虺隤。我姑酌彼金罍，维以不永怀。”登上崔嵬的高冈，我的马儿已累得够呛，我只好取出酒器，自斟独酌，借以消解思乡的忧伤。金罍是一种盛行于商周时期的容器，用以盛装酒水，外形似壶，或圆或方，小口、广肩、深腹、圈足，有盖，肩部有两环耳，腹下又有一鼻。大的金罍可以装一斛酒水，也就是十斗。回归中国不久的著名的“皿方罍”，其体量便颇不小。所以，《韩诗》曰：“金罍，大器也。”其器表主要饰有繁缛的饕餮纹、云雷纹、夔龙纹、鸟纹、蚕纹、涡纹等，且多有作为主体装饰的牺首，如牛、羊、象、蟠龙，也有人首。例如成都博物馆展陈的西周“兽头双耳铜罍”，其牺首就是两个兽头。1978年2月21日，它出土于成都南郊工地，口径38.3厘米，腹径57厘米，足径33.5厘米，高66厘米，是名副其实的“大器”。细而察之：敞口，翻沿，广肩，肩部有两个对称的兽首形环耳，圈足外撇。肩部至圈足外侧饰有变形蝉纹等纹样。远而观之，古朴大气，对称端庄，具有鲜明的古蜀风骨。

甘肃东乡林家马家窑文化遗址[④]1975年出土过一把青铜刀，是目前在中国境内发现的最早的青铜器，是华夏进入青铜时代的证明。四川地区或成都地区进入青铜时代，则至少不迟于西周时期，“兽头双耳铜罍”就是其杰出而完美的证物。同时，它也是古蜀发达的酿酒业和悠久的酒文化的实物证据。

无独有偶，1980年彭县竹瓦街窖藏又出土了一件兽面象首铜罍，通高69.4厘米，口径21.8厘米。其纹饰主要为三部分：一是肩部为4个圆形蟠龙和夔龙纹的纹饰；二是腹部4组巨大的夔龙纹，夔龙张口蜷身，四爪分明，其间还各有一个跪坐伸臂、方头双角的祭祀人像；第三部分就是圈足上装饰的4只跪着的牛。据前引《山海经》《华阳国志》，象、牛是古蜀特产，它们连同祭祀人的写实形象一起，描绘了两千多年前的祭祀场景，体现出古代成都地方的浓郁特色，让我们浮想联翩。

三、蜀地青铜器与中原文明

被孔夫子赞为“郁郁乎文哉”的周代礼制内有过这样一条规定：天子用九鼎，诸侯用七鼎，大夫用五鼎，士用三鼎或一鼎。到了东周，稍有变通，则是天子、诸侯用九鼎，卿用七鼎，大夫用五鼎，士用三鼎或一鼎。鼎以及伴随的其他铜器如簋等都是所谓“礼器”，在“礼不下庶人”的周代丧葬制度中，乃是贵族的专属奢侈品，一般平民陪葬的则是日用陶器，异常简陋。这种以陪葬礼器组合来“辨等列，明尊卑”的制度，在周人墓葬的考古发掘中获得了证实：湖北京山相当于王、国君的高等贵族墓，湖北随州的曾侯乙墓，随葬九鼎八簋；河南三门峡上村岭虢国墓地中，相当于公卿大夫的中等贵族墓，随葬七鼎六簋或五鼎四簋；同地相当于士的末流贵族墓，随葬三鼎二簋或一鼎一簋。诸如此类，称之为“列鼎制度”。

春秋战国时期，巴蜀青铜器也发生了较大的变化。铜尊等大型礼器基本消失，铜罍形制发生较大改变，出现了鍪、釜、甑等为代表的典型容器和组合完整的各式兵器。铜鼎、铜壶开始出现。具有文字符号意义的巴蜀图语印章大量涌现。埋藏形式从商周时期的坑埋、窖藏演变为以墓葬为主。

1980年3月，四川省博物馆和原新都县文管所在新都区马家乡清理发掘了一座战国早中期木椁大墓。椁长8.3米，宽6.76米，叹为观止。不啻如此，又用木枋把椁内隔成棺室和8个边箱，棺室内有船形独木棺1架。船形独木棺说明了它是古蜀族的墓葬，详情可以参看《成都晚报》2017年5月15日《蜀都船棺：载着灵魂“回家”》一文。学者根据墓葬地望及葬制规模，推论其可能是开明王九世的陵墓。关于开明九世，有这样一个著名的传说，说他有一天突然梦见城郭自己在移动，醒后就干脆顺应这个兆头，把国都从广都樊乡（在今双流区境内）迁到了成都。

该墓虽早遭盗掘，但椁室中部下的木构腰坑中的器物尚保存完好，计出土青铜器共20多类188件，有鼎、敦、壶、豆、釜、甑等饮食器，戈、矛、钺、短剑等兵器，削、凿、印、锯、雕刀等工具，其组合相当特别，每种多以2件或5件成组，后者反映蜀地可能真有可对应文献里“五丁力士”“石牛五头”“五妇冢山”等的尚五习俗。在中国古代，“五”具有特殊的意义，以“五”为中心的五行思想是中国人的思想律，是中国人对宇宙系统的信仰。而古蜀人的尚五习俗，尤其另类而特出。著名学者叶舒宪先生《中国古代神秘数字》一书第五章《五行昭日月》对此却只字未提，不能不说是一大遗憾。

更为惊人的是，大小188件铜器浸于齐腰的坑水中，曝光时俨然如新，色泽夺目。有些铜器如短剑、锯、雕刀等物上面所附加的木板，甚至连绑椁的绳索，也保存完好，使人们能看到2000多年前的器物的原貌。这是迄今为止在四川境内出土的层次最高、品种最多、组合最齐的战国铜器群，足以代表开明王朝时期乃至整个古蜀的铜器文化的最高水平。

墓中五件一组的列鼎尤其引人注目，它的横空出世意义非凡，一言以蔽之：在僻处西陬的古蜀墓葬之内，似乎另有一套在中原“列鼎制度”的基础之上发展而来的“列罍制度”。列罍与列鼎性质雷同，也是身份地位的象征。能够拥有高规格列罍的墓主，应该是蜀人君王无疑。这组列鼎既是古蜀青铜器吸收外来礼制的一个典型，也是蜀和楚、蜀和中原有文化渊源与物质交流的一个铁证。列鼎之一的盖内有铭文“邵之食鼎”四字，乃春秋战国楚地流行的字体，“邵”极可能就是楚国贵族三大姓之一的“昭”。该鼎的器物形态与湖北江陵望山楚墓出土的铜鼎器物特征也基本相同，说明它是楚器。其余四个鼎则是仿铸，无论纹饰，还是铸造工艺，都大为逊色。

说到蜀中青铜器，不能不提古蜀兵器，说到古蜀兵器，又不得不提一件青铜矛，即成都博物馆展览的“成都矛”。

矛是一种纯粹的刺杀兵器。其构造简单，只有矛头、矛柄两部分。矛头又分为“身”和“骹”两部分。矛身中部为“脊”，脊左右两边展开成带刃的矛叶，即下文的“刺叶”，并向前聚集成锐利的尖锋。有的脊两侧带凹槽，称“饮血”，为矛头刺入人体时出血进气，以减少阻力。“骹”是用来连接脊的直筒，下粗上细，便于装柄。为防止拔矛时矛头脱落，有的矛骹两边铸有环状钮，即下文的“弓形双耳”，可用绳穿过把矛头牢牢绑缚在柄上。矛柄有木柄和积竹柄两种。积竹柄是用细竹做柄，打通竹节，竹芯内填充木条，然后用绳裹扎起来涂上漆。积竹柄坚韧而富有弹性，不易折断，性能优于木柄。

成都博物馆这把“成都矛”被定为国家一级文物，上有“成都”二字铭文，极有可能就是成都制造的。1985年，它出土于雅安荥经县同心村一处战国船棺墓中。如果不是有“成都”二字，完全可以仿照“蚕纹铜戈”将其命名为“虎纹铜戈”。为什么？因为显而易见，其弓形双耳间的骹面上铸饰有一只浅浮雕虎像，一面铸虎的头顶和前躯，另一面铸虎头的下颚。从矛的侧面，参观者可以清楚看到虎像的全貌，面露凶相，威猛无比。虎头硕大，身躯长如蛇，蜿蜒至骹的另一面，老虎的长舌则由骹的前部和刺叶取代，虎口大张，露出獠牙，瞪目竖耳，让人不寒而栗。

无独有偶，2017年，在清理成都市蒲江县出土的战国船棺墓文物时，一把沾满淤泥与杂物的青铜矛跃入了考古人员的视野，细细洗刷后，发现矛身的中间也刻有“成都”二字。这两个“成都”，显然都是城市名称。

本土著名巴蜀文化专家袁庭栋先生《话说四川》一书之《四川、成都和重庆得名的由来》一文称：成都作为一个城市的名称，“最早见于《史记·司马相如列传》”。显然太过晚出，不足为凭。

四、卓氏家族背后的成都炼铁产业

斗转星移，逝者如斯，人类历史由青铜时代步入铁器时代，标志着生产力水平的大幅提高和整个社会的巨大进步。“东接于巴，南接于越，北与秦分”的蜀地在这场变革中走在了时代的前列，创造了灿烂辉煌的古文明，尤其是发达的铁器文明，对东南亚也产生了深远的影响。

蜀地历来就产铁，铁的发明和使用对古代社会的进步，特别是对古代农业、水利的发展起了重大作用。中国第一篇区域地理著作《禹贡》明确记载：华阳、黑水惟梁州，“厥贡璆、铁、银、镂、砮、磬、熊、罴、狐、狸”。梁州的主要地域是蜀地，其上贡的物品清单之内就有赫赫醒目的“铁”。镂，或称“刚铁”。砮，又叫砮石，也能火烧成铁，其质地相当刚利。《华阳国志》叙述蜀地物产时也列举了“铁”，而且用了一个“饶”字来形容，说明铁的产量之多。

从上引《禹贡》等文献资料看，早在战国时期，蜀地的冶铁业已经达到相当规模，考古材料也从旁佐证了这点。西南地区开始使用铁器（包括铜铁合制器）的时间问题，有学者根据目前所能掌握的考古发掘资料确定为战国中期前后。四川地区考古发掘的早期铁器主要有：雅安荥经曾家沟出土的一件战国早期铁斧；成都金牛区出土的两件战国中晚期铁斧；成都羊子山172号墓出土的铁三角架，另出一件铜鼎，原有一定损坏，后用铁修补。

秦并巴蜀，巴蜀纳入中原版图之后，中原的冶铁技术开始传入蜀地，临邛（今邛崃）、武阳（今彭山）、南安（今乐山）很快成为当时的冶铁业中心。尤其是临邛“有古石山，有石矿，大如蒜子，火烧合之，成流支铁，甚刚。”烧石成铁多用的是竹炭，铁出来后再拿牛车载以入城，或批发，或零售，销往各地。卓、程、郑三氏被秦逼迫迁蜀，就是凭借这“铁山鼓铸”而成为“拟于人君”的富贵家族的。近年蒲江县发现秦汉冶铁遗址达57处，发现的冶铁炉残高2米，还有大面积冶炼残渣。蒲江县敦厚乡大同村发现冶炼遗迹三处，这正是临邛古石山的所在。话说山上原有“铁祖祠”，铸铁之家经常前往祭祀，以期获得铁祖的庇护，可以长久地“用铁冶富”。

中原的冶铁技术传入蜀地，是秦向蜀移民的结果。

公元前316年，秦惠文王派遣张仪、司马错、都尉墨率军沿汉中褒斜至成都的“秦蜀栈道”即石牛道（又称金牛道）入蜀，数月之内攻占蜀地。随后，秦在成都设立了蜀郡，“移秦民万家实之”，即使在秦灭六国后，仍继续实行移民政策，将六国的富豪大户大量迁往蜀地。《史记·货殖列传》记载成都临邛（今邛崃市）的冶铁大户时说：“蜀卓氏之先，赵人也，用铁冶富。秦破赵，迁卓氏。卓氏见虏略，独夫妻推辇，行诣迁处。诸迁虏少有馀财，争与吏，求近处，处葭萌。唯卓氏曰：‘此地狭薄。吾闻汶山之下沃野，下有蹲鸱，至死不饥。民工于市，易贾。’乃求远迁。致之临邛，大喜，即铁山鼓铸，运筹策，倾滇、蜀之民，富至僮千人。田池射猎之乐，拟于人君。程、郑，山东迁虏也，亦冶铸，贾椎髻之民，富埒卓氏，俱居临邛。”李冰成功地化水害为水利之后，岷江中下游的成都平原地区农林牧业空前大发展，获得了“沃野”的美誉，而且很快传进了千里之外的赵国人的耳朵。其中有一位卓氏，经营冶炼铁矿的生意而致富，后来秦国打败赵国俘虏了他。被流放的过程中，只有他们夫妇推车步行，其他同时被虏获的赵国人则争相用钱财贿赂秦国官吏，要求迁放到离赵国邻近的地方。但卓氏却自愿远放蜀地，他说：“我听说岷山之下有肥沃的原野，盛产一种芋头，其大无朋，就像一只只蹲着的猫头鹰，到了凶荒之年，光凭此物就能至死不饿肚子。老百姓则在街市上做工，经商。”如愿以偿，卓氏被迁到了临邛城，大为高兴，便重操旧业，开采矿山，熔铸生铁，运用计谋，用尽滇（今云南）、蜀两地可用的劳工，迅速使自己富可敌国，拥有了私家庄园，真个是钱过北斗，米烂成仓，僮仆成群，牛马成行，游猎享乐比原先在赵国时还要豪华奢侈了。与卓氏家族同时被迁往临邛的程氏和郑氏家族，原为山东一带的战俘，入蜀后也因冶铁而成为富可敌国的富商大贾。

对此，《华阳国志》是这样总结的：“秦惠文、始皇克定六国，辄徙其豪侠于蜀，资我丰土。家有盐铜之利，户专山川之材，居给人足，以富相尚。故工商致结驷连骑，豪族服王侯美衣，娶嫁设太牢之厨膳，归女有百两之从车，送葬必高坟瓦椁，祭涤邙羊豕夕牲，赠禭兼加，赗赙过礼，此其所失。原其由来，染秦化故也。若卓王孙家僮千数，程郑亦八百人。”简而言之，这些豪侠及其家族组合而成的庞大移民群将中原的铁器铸造技术（或许还有农耕方法等技艺）带入蜀地，不仅对蜀地的经济发展起到了积极的推动作用，而且客观上促进了区域文化之间的融合，从而使巴蜀文化迅速融入华夏文明的滚滚洪流之中。

实际上不止临邛一处，秦汉中央政府也在成都任命官吏管理铜、铁生产，西汉中晚期，广都、武阳等地也设有“铁官”，整个成都平原因矿产资源富饶，冶铸业均普遍比较发达，成都出土的汉代铜器有鉴、釜、钫、壶、洗、盘、鐎斗、樽、勺、耳杯、奁、熏炉、灯、镜等，成都博物馆展陈的蒲江铁牛村冶铁遗址出土的“炉渣”与“炉砖”、蒲江沙子塘冶铁遗址出土的“铁矿石”、成都岷山饭店出土的“环首铁削”，诸如此类，都是相关的考古旁证。

秦汉时，巴蜀铁器还远销全国，乃至今越南和泰国等异域。

战国直至西汉，云南以及中南半岛仍未产铁，如邻近交趾的合浦、郁林、牂柯、益州诸郡均未设置铁官。但据现有资料表明，在公元前500年以后，即战国到秦这一历史时期，铁器就已出现于越南红河三角洲和泰国东北部。到了汉代，越南北部清化省的东山文化遗址和广平省的一些汉墓中就不断有刀、剑、锸、斧等铁器出土。那么，这些铁器来源于何处呢？一种比较令人信服的解释就是源自蜀地，且主要是由临邛输入的，云南则是这条传输带上的中转站。如晋宁石寨山文化早期墓葬中均无铁器出土，而到了后期，墓葬中铁器不断增多。迄于秦汉时代，大量铁质兵器、农具频频出土，有些上面甚至有“蜀郡成都”等铭文。晋宁石寨山文化跟东南亚文化关系密切，与越南东山文化、泰国东北部班清文化同属一个文化系统，都是以农业为主的民族，也是《货殖列传》泛指的“椎髻之民”。蜀地铁器大量销往这些地区，并由此向马来半岛扩散，对这些区域农业生产水平的提高起了推动作用，促进了当地经济文化的发展，可谓厥功至伟。

五、船棺漆器，光耀古今

将生漆涂在各种器物的表面上所制成的日常器具及工艺品、美术品等，一般统称为“漆器”。

生漆是从漆树上割取的天然液汁，主要由漆酚、漆酶、树胶质及水分构成。用它作涂料，有耐潮、耐高温、耐腐蚀等特殊功能，又可以配制出不同色漆，光彩照人。但也是这个生漆，使很多希望学习漆艺的人畏难而退。初次接触没有干的生漆，多数人都会生“漆痱子”，不但奇痒，严重者可起泡，乃至流脓。神奇的是，过敏再厉害，愈后均不会留下痕迹，皮肤甚至会变得更加光滑细腻。至于割漆，不但又脏又累，而且十分危险。漆农爬上十多米高的漆树上割漆，“千刀万剐”，每棵树一次最多只能得漆二三两。

最晚在战国时期，中国就已有了专门种植漆树的园地和相关的管理者——漆园吏。《史记》云：“庄子者，蒙人也，名周。周尝为蒙漆园吏，与梁惠王、齐宣王同时。”秦代也大量种植漆树。据湖北省云梦睡虎地秦简记载，秦代漆园的管理是实行生产责任制的，如果漆园被评为下等，有关官吏要受经济制裁；如果连续三年被评为下等，有关官吏不仅要被经济制裁，还要受到撤职的处分。产业化漆园的存在，为制作漆器提供了较为雄厚的物质基础。

漆器乃是我国先民在化学工艺及工艺美术方面的重要发明，其制作也是一种很精细的工艺。就拿涂漆来说，既要把握漆性，又要看天色而行。涂漆后，如果遇上干风天，漆不易干，里面可能一直是稀的，而遇到下雨天，却又干得快、会起皱，不及时调整，就可能返工。

中国是世界漆器手工业的发源地，围绕漆器而形成的漆器文化可谓源远流长。从新石器时代起，人们就认识了漆的性能并用以制作器物[5]。1973年河北省藁城县台西村商代遗址出土的漆器残片在木胎上雕饰饕餮纹，并涂有朱、黑两色漆。另如河南省安阳殷墟王陵和武官村大墓，以及辽宁省昭乌达盟敖汉旗大甸子商代墓葬中，也发现过商代的漆器或漆器痕迹。历经商周直至明清，中国的漆器工艺不断发展，达到了相当高的水平，对日本等地都有深远影响。

战国文献《韩非子》在回顾虞舜、夏禹两代的漆器制作时曾这样写道："尧禅天下，虞舜受之，作为食器，斩山木而财之，削锯修之迹，流漆墨其上，输之于宫以为食器。诸侯以为益侈，国之不服者十三。舜禅天下而传之于禹，禹作为祭器，墨染其外，而朱画其内；缦帛为茵，蒋席颇缘，觞酌有采，而樽俎有饰。此弥侈矣，而国之不服者三十三。"大意是说：舜代尧统治天下之后，便砍伐山上的树木，将其削锯成形，修整抛光，然后在上面涂上黑漆，送到宫里作为食器。诸侯认为太奢侈，抗议的方国有十三个。禹代舜统治天下之后，所做的祭祀用具，外面髹黑漆，里面以红漆绘画，还用缦帛做车垫，草席饰有斜纹花边，觞、酌等酒杯酒勺上画有彩色花纹，樽、俎等酒具食器上均有装饰。这就更加奢侈了，抗议的方国多达三十三个。这段话意蕴颇丰，至少有两点值得我们特别注意：一是中国漆器制作的历史相当悠久；二是漆器最初是统治阶级的专利品，异常珍贵奢侈。

再来看看战国文物，对传世文献来讲，既是佐证，又是补充。

2000年7月至2001年1月，在成都市中心的商业街，考古工作者发掘出了一座多棺合葬的大型古墓。这些棺材大小不一，秩序井然地停放在纵横交错的枕木之上，而且都被做成了远古木船或独木舟的形状，所以人们形象地称之为"船棺"。仔细一清点，墓坑中现存船棺17具，其中10米以上的有4具，最大的1具长达18.8米，直径1.7米，由一整段楠木挖凿而成。其余13具规模较小，包括一些为殉人或专门放置随葬品的小型木棺。这些随葬品极为丰富，其中大量的漆木器，尤其引人注目，按用途可分为家具、生活用具、乐器和兵器附件等。

成都商业街船棺葬出土的漆器均为木胎，胎体厚实，斫制、挖制或雕刻而成，部分器物分别制作构件再以榫卯连接。木胎制成后在黑漆底上朱绘纹样，纹样以成组的蟠螭纹、回首状龙纹为主，还有窃曲纹和刻画符号等。所谓木胎，就是器物的木质骨架。木胎原木多是材质坚实、比重较大的杂木，又可谓之坯料。先将坯料烘烤干燥脱水，再加工成型，然后髹漆研磨，最后施以各种装饰纹样，便成了光亮如镜、绚丽多彩的木胎漆器成品了。所谓蟠螭纹，是汉族传统装饰纹样的一种，有的作二方连续排列，有的构成四方连续纹样。一般都作主纹应用，盛行于战国时期。螭是古代传说中的一种没有角的龙，张口、卷尾、蟠屈。在当时的青铜器、玉器之上，亦常见蟠螭纹，有的表现形象会有所不同。所谓窃曲纹，其名称出自《吕氏春秋》：“周鼎有窃曲，状甚长，上下皆曲，以见极之败也。”由两端回钩的、横置的“S”形的线条构成扁长形图案，正符合“上下皆曲”的特点，中间常填以目形纹。始见于西周，盛行于西周中、后期，春秋战国时仍见沿用。

这些漆器是古蜀开明王朝的特供产品，时代正当战国，用漆已经超越了夏商时期的墨朱双色。例如成都博物馆展览的“漆案”，由案面、案足组成，案面呈两端向下曲而中部平缓的长方形，案足由两块整板制成，其中间各有卯孔两个，以插入案面的榫头。以黑色为地，以红色、赭色绘制龙纹、变形龙纹、“S”形纹等，具有不同于楚、秦漆器的浓郁的蜀地特色。

人若落座，案面则置于两足的中部，两足的上部则伸出于案面之上。又如同个展区陈列的那架“漆床”，现存25个构件，包括床头板、床尾板、床侧板、床撑、床立柱、床梁、床顶盖构件等，使用榫卯结构连接。通体髹黑漆，用朱、赭两色绘制回首状龙纹、蟠螭纹等纹饰，绘制方式有单线勾勒和填涂等。人生百年，夜眠昼寝几居其半，古蜀人把他们的床制作得如此繁复、髹漆得如此精美，也就不难理解了。

根据古文献记载和大量考古发现表明，很早之前，成都的漆器工艺就已经相当发达了，金沙遗址一象牙坑内即埋有四川年代最早之漆器。20世纪70年代湖南长沙马王堆汉墓中出土了大量西汉初年的漆器，根据上面的烙印文字，可知其就是成都制作的。但成都的漆器究竟在何时才发达起来，则还并不清楚。不少人暗地里以为是秦灭蜀以后才发达起来的。现据这个墓穴内所出的漆器推测，最迟在战国早期，蜀人的漆器工艺已经非常发达了，甚至可以跟同时期楚国的漆器工艺媲美。这就意味着，商业街蜀人王族随葬漆器的发现，将成都漆器工艺的发达时间提早了两三百年。

六、闻名天下的“成市草”

战国晚期至汉代，官营漆器的生产比较繁荣，出土漆器的铭文中就标示有多个生产部门，表明当时从中央到地方均有专门制造漆器的官营生产部门。比如蜀郡、广汉郡工官中制造漆器的工匠，按工种不同，分为“素工”“髹工”“上工”“铜耳黄涂工”“铜釦黄涂工”“画工”“丹工”“清工”“造工”等。“素工”是与制作木胎有关的工序。“髹工”就是涂漆工。“上工”意同“漆工”，也是涂漆工。与“髹工”的差别是，“髹工”可能是初步涂漆，或者说是髹底漆，涂层较少；而“漆工”则是在“髹”的基础上再涂漆，或者说是涂面漆，涂层较多。“铜耳黄涂工”即是对杯的铜耳进行鎏金的工序，而“铜釦黄涂工”即是对盘等的铜釦进行鎏金的工序，二者鎏金的部位不同，工序性质是一致的。“画工”就是绘纹之工。“丹工”就是涂丹漆之工。“髹丹”应是在黑漆地上涂有丹漆，无纹。“髹丹画”，即包含髹、丹、画三种工序于一体。“髹画”与“髹丹画”不同。铭文为“髹画”而非“髹丹画”，则工序中即没有“丹工”。“清工”与“黄涂工”关系密切，可能是清理黄涂多余部分的工序。“造工”应负责最后收尾工作，完成这件漆器制作的最后生产任务，可能具体负责打磨、刻写铭文及清洗等工作。诸如此类，夸而张之，即为“千工”。

西汉文学家扬雄在《蜀都赋》中曾说：“雕镂釦器，百伎千工。”就是对成都漆器的工艺和生产规模的生动描述。考古材料与文献记载可以相互印证，蜀郡、广汉郡工官确以制造釦器为主。战国时期的釦器制法，是在木胎制成时就安上铜构件；而秦代都是在木胎涂漆后，再用铜、银箍，在口沿、器壁与器底加固，或安上铜环、铺首衔环与蹄足等铜构件。

在这些秦代的木胎漆器上，有许多烙印、针刻与漆书的文字和符号，是在木胎制成后烙上的戳记，然后再涂漆，这只能在制作中完成。针刻与漆书的文字和符号，是在木胎漆器制成后加工的。在湖北云梦睡虎地出土的许多秦代漆器上，如耳杯之耳下有“咸市”等烙印文字，又如椭圆奁盖外壁有“咸亭”等烙印文字，均应是“咸阳市亭”的省称，从一个侧面反映了秦代是设置市亭对手工业和商业进行管理的。也就是说，这些烙印有“咸市”“咸亭”字样的漆器乃是秦代咸阳市亭所管辖的漆器作坊的产品。秦在统一六国的过程中，曾先后迁徙豪富大族及能工巧匠于秦都咸阳，因而咸阳制作漆器也是自然的事。睡虎地这些漆器的发现，使我们第一次知道秦都咸阳的漆器手工业是很发达的，它的产品大量地远销到千里之外的安陆县（今湖北省孝感市云梦县），其商品生产性质显然是很强的。

与此类似，西汉早期的湖北江陵凤凰山M168、荆州高台M2出土的一些漆器上有“成市草”“成市素”“成市饱”等烙印；湖北江陵凤凰山M8出土漆器上有“成市草”“成市素”“市府”“市府草”“市府饱”等烙印；湖南长沙马王堆M1出土的漆器上有“成市草”“成市饱”等烙印；马王堆M3出土的漆器上有“成市草”“成市饱”等烙印。其中，“成”应是“成都”的省称，“成亭”之“亭”，以及“成市”之“市”，亦应指“市亭”。而且，湖北江陵凤凰山M8出土的漆器上“成市”与“市府”戳记并见，可知“亭”“市”“市亭”“市府”的含义是一致的。成都博物馆“成都汉代漆器的发现”展板上显示，成都羊子山与商业街的战国墓，四川青川郝家坪战国墓群，荥经古城坪M1战国晚期至秦代墓葬中，均有“成亭”字样的漆器出土；成都凤凰山与绵阳双包山的西汉墓，乃至朝鲜平壤（古乐浪郡）的西汉墓中，均有“成市”字样的漆器出土。这些字样的漆器比蜀郡和广汉郡工官制作的漆器略早。目前考古发现的蜀郡和广汉郡工官制作的漆器，年代最早的为西汉昭帝始元二年（公元前85年），最晚的为东汉和帝永元十四年（102年），其间凡187年，基本上没有间断制作漆器。“成都汉代漆器的发现”展板以一言蔽之：“成亭”漆器主要为战国至秦漆器作坊产品，“成市”漆器主要为西汉初期漆器作坊产品，有“蜀郡西工”等工官称谓的漆器应为西汉中期以后产品。

战国晚期及秦代，墓葬中出土的很多漆器没有“亭”“市”等烙印文字，只在器物上刻画一些姓氏、里名或符号等，这些可能为民营漆器作坊产品。西汉时期民营漆器有烙印标记者，如安徽霍山县西汉木椁墓M3、M4出土的漆杯，在耳背均烙印“黄氏”印记，应为“黄氏”漆器作坊所做标记。这一时期民营漆器铭文也有刻写的，多数比较简单，一般以纤细的线条将工匠的名字刻画在最不显眼的部位，名字前多加刻“工”字。这一时期在漆器上出现了印章形式的制造者标记，有的简报说是盖的戳印，也有的简报介绍印章框为绘制的。这一时期民营漆器上也有用漆书文字标明制造年月的。东汉时期出土的漆器虽然较少，但也发现有民营制造者标记，均为漆书文字。

这种民营制造者印记也见于蜀中墓葬。

2012年7月至2013年8月，成都文物考古研究所和荆州文物保护中心对位于成都市天回镇老官山的西汉墓地进行了抢救性发掘，共清理了 4 座土坑木椁墓。经对墓葬形制及出土文物的考察，确定其时代为西汉景帝、武帝时期，即公元前157年至公元前88年。这4座汉墓共出土漆木器近400件。其中木胎漆器器形最为丰富，光是“案”就有多个，它们形制相似，纹饰不同。正面均髹红漆和黑漆，装饰有卷云纹、涡云纹、圆点纹等，背面则只髹黑漆。下面说说出于椁室内的标本M1：16。木胎，基本形状为长方形，四沿上翘，平底，有四个曲尺形足。案正面髹红漆和黑漆，沿、背面及足髹黑漆。沿面饰有红漆圆点纹、云气纹、涡云纹，案盘正面红地上无纹饰，黑地上饰红色圆点纹、平行线纹、卷云纹。背面一曲尺形足内红漆写有“景氏”字样。由于尚未修复，所以没能精确测量其尺寸。梁繁荣、王毅主编的《揭秘敝昔遗书与漆人：老官山汉墓医学文物文献初识》一书的第一章第四节推测“墓主的身份”时说：“在M1出土漆器上有‘景氏’铭文，文献记载景氏曾为楚之望族，西汉初年景氏贵族迁至关中一带，后景氏一支又入迁蜀地，墓主应与此有关。”恕我不敢苟同。这“景氏”的性质应该跟安徽霍山西汉木椁墓漆杯上的“黄氏”印记一样，也是漆器作坊所刻意留下的标记，以表明自己的专利权，如此而已。

千年以逝，时至今日，成都漆器工艺已多达数百种，常用的有50多种。一件平常的漆器艺术品，前后制作工序多达70多道，简单的也有二三十道，因此制作周期极长，一般作品需3个月时间，精品往往需半年以上甚至数年才能完成。其装饰方法主要是雕填隐花、拉线针刻、金银雕填等，特点十分鲜明。

七、织锦之机，西汉竹木器巅峰之作

话说汉武帝派遣张骞出使西域，在位于今阿富汗北部的一个中亚古国大夏国中，张骞见到了产自蜀地的邛竹杖和布匹，大为惊讶，便问是从哪里得来的？对方回答：“是我们的商人从身毒国买来的。”身毒是中国古代对印度的称呼，它东部的古国迦摩缕波与大汉的西南接壤，蜀商私下做买卖，穿过山川险阻，躲开瘴气毒蛇，花两个月的时间，就可以抵达那里。蜀布既然可以出口远销，证明在成都市面上已经接近饱和。当时人们常拿“蜀郡之布”与“齐陶之缣”相提并论，要知道，齐国丝织品可是“号为冠带衣履天下”、流行一时的。

在我国西北居延等地区发现的汉简上记有“广汉八緵布”。汉代织品以织作规格有七緵、八緵、九緵、十緵的分类，近似现代织品多少支纱的说法，体现成本和质量的差异。据汉初法律《二年律令·金布律》，政府为“徒隶”等劳作者提供的服装，“布皆八緵、七緵”。汉景帝时制度，“令徒隶衣七緵布”。汉代边防士卒的军装也以“七緵布”“八緵布”制作，价格比较低廉。所谓緵，或谓一升，等于麻缕80根，以布宽二尺二寸计算，如果是十緵布，就等于在二尺二寸的幅面上密布着800根麻经。工艺水平之细致高级，可见一斑。广汉汉初置郡，下辖广汉县。广汉曾经是朝廷倚重的手工业生产基地。史书所谓“蜀广汉主金银器”“主作漆器物”，反映广汉郡工官的产业目标似乎主要在于满足上层社会生活用器的需求。而河西简文“广汉八緵布”告知我们，这里的纺织业产品已经形成优势地方品牌。

作为当时南北丝绸之路唯一枢纽城市和锦产品供给地，西汉成都有着世界上最先进的丝绸织造技术，生产的蜀锦更是“发文扬采”、遐迩闻名，其样式极为繁多，三国时期魏文帝曹丕曾对臣下说：“前后每得蜀锦，殊不相似。”有人曾请教蜀郡成都人司马相如写赋的诀窍，他不假思索，竟借织锦的工序打起了比方，可见蜀锦的普及率之高。成都又名“锦城”，又有锦江，均与蜀锦有着千丝万缕的联系。

兴许也因织造业的发达，才诞生了“支机石”的传说。但古人却深信不疑，把支机石当作陨石，视为神物。清代已有人专门建造小屋来保存它，又有人向它焚香祭祷，甚至有老妪住下来长期司香火。此石至今犹存，在青羊区文化公园一亭子内，高不足2米，为不规整的方柱形，一面有圆锥形浅窝，一棱有长方形凿痕。

青海都兰、新疆吐鲁番等丝绸之路沿线各地出土了大量唐代蜀锦，一方面反映了蜀锦远播域外的途径与盛况，同时也说明了成都在丝绸之路上的重要地位。现存于世的蜀锦中，有一部分是由日本遣唐使携带回国的，珍藏于奈良正仓院和法隆寺，传承有序，非常珍贵。

蜀锦多有遗存，而作为竹木器的织机却躲不过岁月的淘洗，难得一见。1975年，在成都曾家包汉墓中出土了一大块“庄园生活画像石”，上面有织机图：一台有一个脚踏板，是制织平纹织物的织机，另一台是带马头的斜织机。但其实物却渺渺然不见吉光片羽。直到2012年，位于成都金牛区天回镇土门社区老官山4座古墓的发掘，才让世人首次目睹了早期织机的真容。这些跨越2000年的文物填补了中国乃至世界纺织史上的史料缺憾，也印证了成都就是历史上丝绸之路的南起点。它们虽然只是微缩模型，但却是我国第一次出土的完整的西汉织机模型，也是现存的世界上最早最完整的织机模型。这些模型一共4个，均为竹木结构，同出于M2的北一底箱。其中三个织机大小、结构一致，一个稍大，结构不同。部分织机上还保存有纺线。从中选出两个标本，以便一窥其尺寸大小：标本M2：186，长0.82米，宽0.28米，高0.48米；标本M2：191，长0.66米，高0.21米，宽0.42米。法国国家科学院研究员多米妮克·卡尔登说，从教堂的玻璃画上看，欧洲在8世纪时出现了类似的机器。丹麦国家基金纺织品研究中心主任玛丽·路易斯·诺什说，公元前2世纪的织机和丝线等有机质文物能完好地保存下来且被发现，这在中欧乃至世界考古史上是独一无二的。“它们代表了中国汉代纺织技术的高峰，那些工人定然是技术高超，训练有素，掌握许多技巧，能操作多型织机。”

4部织机模型的墓室内，躺着一位50岁左右的女性遗骸，髋骨严重变形，或与纺织活动有关，身份可能是一名织坊主。随老官山汉墓4台织机一起出土的，还有15名木俑，或立或坐，手臂的姿势也各不相同，组成了纺织工的劳作场景，其中还有一名“监工”。根据这些木俑的身高比例，成都考古工作队工作人员曾做出推测：“如果按木俑与现代人的身高比例还原织机到原来的大小，应达到3米多高、4米多长，所有部件组合起来，或有一间数十平米房间大小。”要使用这些巨大的机器，需要两人合作。一人手脚并用，一边丢梭一边推动；每织一行，另一人需要拿起木杆推动横梁一次，脚底踩动踏板一次。虽然用现代的眼光来看，这样的织法效率并不算高，但是在两千多年前，这已经是最快的织锦方法了。根据史料记载，古时织锦，60日成一匹，一匹值千钱。难易可知，珍贵可知。

织锦工序，大致说来，可分为四步。第一步为“调丝”，第二步为“络纬”，第三步为“整经”，第四步为“上机”。具体造作，有兴趣者，可以参看成都博物馆的“织锦工序”展板上的介绍。

如今走进成都博物馆秦汉厅，一架高大的织机便会跃入眼帘。这台名为“连杆型一勾多综提花木织机”的大家伙，就是依照4部织机模型之一类（三个大小、结构一致的是“连杆型一勾多综提花木织机”，最大那台为“滑框型一勾多综提花木织机”）而研制复原的，现在加以专业操作，完全能够在其上制织出著名的尼雅遗址出土的蜀锦纹样。

织机准备好了，就开始织造，织造之后是裁剪、缝纫，裁缝之后，就诞生了各式衣裳裙裤，然后就有了“雅俗多游赏，轻裘俊，靓妆艳冶”的成都街景。

八、竹笼络石，竹筒盛肉

当世法国史家痛批“大事记”体的史学著述，认为它们专载朝政军事，而忽略民生日用，见林不见树。相比这类史记，司马迁《史记》为民间“游侠”立传，已属破格，然而还是以传人为主，其《货殖列传》一篇则率先摆脱了“大事记”“人物志”的窠臼，于新史学而言，不啻于开辟鸿蒙，走出了一条新路子。《货殖列传》除了记叙从事“货殖”活动的成功人士之外，也反映出司马迁的经济思想和物质观。“货殖”是指利用货物的生产与交换进行商业活动，从中生财求利以致富，有时也包括各种手工业，以及农、牧、渔、矿山、冶炼等行业的经营在内。此传曾特别指出：“巴蜀亦沃野，地饶卮、姜、丹沙、石、铜、铁、竹、木之器。”我们先前已经专门写了蜀地的铜铁之器，下面就来聊聊竹木之器。

先说竹器。

说之前，先来追忆一番。越年老，越沧桑，就越庆幸自己曾经拥有过一段山栖谷饮的纯净童年。天蓝，山青，鸟语，花香。最难忘溪水清且浅，时而跌落成瀑，时而停潴成潭，常和小伙伴们嬉戏其间，随手捡拾并抛出卵石，水面便有涟漪荡起，或有泡儿连串绽开。《文赋》云：“石蕴玉而山辉，水怀珠而川媚。”我倒觉得，川因有鱼而媚。孩提之时，潭内鱼儿清晰可辨，皆若游于空中。大人在两岸之间拉网，彝胞在下游布置竹笱，都希望常得渔翁之利。我们则削竹为竿，贯虫为饵，钓起一串落霞与欢笑。到了洪水期，岸边会堆上几条长长的竹笼，里面填满了卵石。当时并不知道这是壅水防洪的神器，也不晓得它涉及一项蜀地的传统治水技术——“竹笼络石”。后来移居都江堰，又有所见，久而久之，才逐步了解了它的功用与历史。

竹笼在古代水利工程中历史极久，功用极大。战国时，蜀郡郡守李冰为了防止岷江决口，毁坏堤堰，于是伐竹破竹，编成直径三尺、长十丈的镂空圆笼，然后在中间填满大小卵石，累积于岸边以壅堵减缓滔滔的江水冲击。“汉成帝时，瓠子河决，王延世塞之，用此法也，《汉书》所谓‘下淇园之竹以为楗’。”此句原出《史记》，被《汉书》照样抄袭；若借《元和郡县志》的话来表达，就是“破竹为笼”的意思。王延世做的竹笼长四丈、大九围，里面盛满小石头，要用两条船拖载，才能投放到黄河决口处。这种笼石作堰的古法，深得四川布政使司水利佥事卢翊的赞赏与推崇。明武宗正德年间，卢翊维修都江堰，也采用“竹笼络石”技术，他监造的竹笼“长三丈，径一尺八寸，形扁而面平，椒眼参差”，即竹笼之篾片经纬相交形成参差的孔眼，以便放进大小圆石。

竹笼络石最大的优点是把分散的卵石聚合为一体，既能抗御水流冲击，又能泄洪，还能适应河床变化。民国以前，做笼采用的是灌县（今都江堰市）以西漩口一带产的坚韧的白甲竹，由政府规定种植，每年九月派工砍伐，水运至灌县，供都江堰岁修使用。后来，被盛产的慈竹代替。经过二千余年的发展，竹笼已有蛇皮笼、三角笼、座圈笼、铺盖笼等多种形式，又称“竹络”“竹篓”“篓石蛇”等。

然而，竹笼络石却并不是李冰的首创。

成都市郫都区三道堰古城遗址腹心地带发现过一座大房子，平面呈长方形，长约51.5米，宽约10.7米，面积约551平方米。房子中间有五个等距离排列的大型卵石台子，其建筑方法为：先在台子周围挖基槽，再在槽内密集埋设圆竹作为护壁，最后填充卵石做台子。这种独特的“竹木护石”技术被视作其后“竹笼络石”技术的萌芽。

20世纪80年代中期，成都市考古队在市区从方池街到附近金河宾馆等遗址的发掘中，发现了年代约在春秋晚期至战国早期的多条卵石埂，显然是当时延伸于较大范围的同一大型人工设施系统的遗迹。其中方池街遗址的东、中、西三条有规律地分布的卵石埂，整体形状呈“Z”字形，颇引人注目。受发掘面积所限，其中除中埂分别与东西二埂斜向相接而长约26米外，其余二埂均南北延伸颇长而不见其两端。发掘者结合蜀中治水传统及成都抚琴小区商代遗址即已有以竹篾固定、保护器物的出土资料等研究后指出，这些卵石埂均用竹笼络石砌成，是开明氏时期的治水工程遗迹，具体用途则是护堤、分水、支水和滚水，并初步推定其中西、中两埂整体上为一倒人字形滚水、支水埂。有学者认为："这种在疏导的基础上更加复杂的水利技术设施，既是对大禹以来治水传统的继承，又是富于创造性的发展，从三条石埂的有计划分布，尤其从其护堤、分水、支水和滚水功能分析，已初具后世都江堰内江诸堤功能系统的理念意蕴，应是东周时期蜀地先民熟谙水性后的智慧体现。"观成都博物馆"润泽天府"展区"水工技术"板块可知，金沙遗址金煜地点发现的两条有笼络痕迹的卵石埂宽约1米，残存数十米长，砌在一条古河道的东侧，其时代更早，约在商至西周。

防洪的如蛇竹笼装的是石头，成都老官山汉墓出土的"竹笥"[⑥]装的却是各种美味肉食。何以见得？因为这些笥的表面明确写着"脯筐""炙鸡"等名目，再显然不过了。

再简单讲讲蜀地的木器。成都博物馆有一只汉代"木屐"，出土于成都金沙廊桥遗址，相当吸引眼球。1984年安徽马鞍山朱然墓出土了一件三国（吴）时期的土漆木屐，是中国目前发现的最古老的漆木屐，也是首批禁止出境展览文物。相比朱然墓木屐，这件汉代木屐感觉更为直观古朴。这种木屐，后因为一位名人的热爱，又有了"阮屐""阮家屐""阮生屐"等雅称。这人就是"竹林七贤"之一阮咸的儿子阮孚，他可了得，不仅耽酒上瘾，而且好屐成癖。一次，有人拜访阮孚，见他一边吹火蜡屐使之润滑，一边安闲自在地感叹道："未知一生当著几量屐！"不知这一辈子能穿多少双木屐哟！言外之意，四时光景疾如梭，堪叹人生能几何，遇饮酒时须饮酒，得高歌处且高歌。

九、四川竹编传承千年

说起竹编，那可就年久而话长了。

考古资料证明，人类开始定居生活后，便从事简单的农业和畜牧业生产，所获的米粟和猎物渐有剩余，以备不时之需，就得把这些食物及饮水存放起来。这时候便就地取材，使用各种石斧、石刀等工具砍来植物的枝条编成篮、筐等器皿。在实践中，发现竹子干脆利落，开裂性强，富有弹性和韧性，而且能编易织，坚固耐用。于是，竹子便成了当时编制器皿的主要材料。

陶器的形成与竹编的编制也密切相关，先人在无意中发现涂有黏土的容器在经火高温烧过后不易透水，可以盛放液体。于是以竹藤编制的篮筐作为模型，再在篮筐里外抹上糊泥，制成竹藤胎的陶坯，在火上烘烤制成器具。后来人们直接用黏土制成各种成形的胚胎，就不再使用竹藤编织，然而还是对竹藤的几何图形十分喜爱，便在陶坯半干状态时在其表面拍印上模仿篮、筐、席等编织物的纹样作为装饰。在殷商时代，竹藤的编织纹样丰富起来，在陶的印纹上出现了方格纹、米字纹、回纹、波纹等纹饰。到了春秋战国时代，竹的利用率得到扩大，竹子的编织逐步向工艺方面发展，竹编图案的装饰意味越来越浓，编织也日见精细考究。战国时期的楚国编织技法已经十分发达，出土的有竹席、竹帘、竹笥、竹扇、竹篮、竹篓、竹筐等百余件。

此时的蜀国也不甘落后，成都博物馆展览的那张“竹席”

可为其代表之作。该席长约2米，宽约0.9米，保存较为完整。短边一侧炭化，深浅相间的色彩系下葬时折叠后再放入棺内而形成。编织方法为“人”字形交叉法。其可能是用在床榻上的。此席与同个展区陈列的“漆床”同出于成都商业街船棺葬，时代为战国，乃开明王朝皇室所用者，因为《礼记》有“君以簟席，大夫以蒲席”的制度。此“竹席”若换用古称而言，也该标识为“簟席”。两千多年云烟过眼，是非成败一切皆空，但这种样式的席子却仍能重现于世间，我们不得不佩服古蜀篾匠的心灵手巧。《韩非子》说禹之时，“蒋席颇缘”，然而并无文物可以证实。反倒是汉儒眼中“椎髻左衽”⑦的古蜀人民留下了本该保存不易而毁于日烁月磨的珍贵实物，让我们摇首咋舌，真不敢相信自己是亲眼所见。

据说床最早起源于商代，也有传说是上古的神农氏所发明。原始社会，人们生活简陋，睡觉只是铺垫植物枝或兽皮等，掌握了编织技术后就铺垫席子。席子出现以后，床就随之而发明。商代甲骨文中已有酷似床形的字，说明商代已有床，只是不为睡觉专用。因为《说文解字》讲过：“床，安身之坐也。”从实物来看，最早考古出土的床是在信阳长台关一座大型楚墓中发现的，上面刻绘着精致的花纹，周围有栏杆，下有6个矮足，高仅19厘米。像成都商业街的战国船棺葬，同时发现席与床，而且还相对完好，截至目前，真是绝无仅有、难能可贵。

说完生活用品，再来举个生产工具的例子——“箕”，以见蜀中竹编应用的广泛和其工艺的完备。

为了更全面地了解“箕”，下面先从“愚公移山”谈起。“愚公移山”的故事家喻户晓。它虽是《列子·汤问》篇中的寓言，里面的细节却多有现实生活的反映，比如这句："遂率子孙荷担者三夫，叩石垦壤，箕畚运于渤海之尾。"大意是讲：愚公率领三个儿孙，敲凿石头，挖掘泥土，然后用担子挑上装满土石的箕畚搬运到渤海边。箕畚，古又单称"箕"或"畚"，例如《国语》曰："一介嫡女，执箕箒以晐姓于王宫。"又如《新唐书》云："县令使浚渠，执畚无忤色。"现在四川人说的"撮箕"，其形制即是从古之箕畚沿袭下来的，系一种铲状器具，用以收运土石、垃圾等，多由竹篾编织而成，两侧通常各有一短把提梁，以便勾连于扁担，然后双挑于肩，把箕中之物从此处运抵彼处。上引《列子》之文已经把这些使用步骤交代得再清楚不过了，如果再加上执"箒"[8]扫土进箕，就更完整了。

作为竹编之器，箕很容易朽烂而不存，好在东汉的四川人擅长各种尺度的雕塑，给后世留下了不少相关的艺术品，让我们可以穿越千年，一窥古代箕畚的真容。成都博物馆秦汉厅展陈着两尊几乎一模一样的男性陶俑，均定名为"陶执锄持箕俑"，都是右手持锄，左手执箕，一脸微笑，面对观众，让人不禁遐想联翩：他俩是不是刚挖到了宝贝，正准备装进箕畚提回家中呢？凑前细看，这两只箕畚正是有着双耳提梁。再看展板，可知它们出土于成都六一一所的东汉墓。

其实，这种东汉陶俑在四川并不鲜见。成都武侯祠博物馆也藏有一尊，质地为泥质灰陶，形象也是站姿，左手执箕，不过这种箕没有双耳提梁，而他的右手握着一把锸。没有提梁，也照样成其为箕；曾侯乙墓之青铜撮箕，以及"昭化汉城博物馆"之东汉执箕人俑所执之箕，都没有提梁。

既然提到了“锸”，顺便了解了解也不是什么坏事。《释名·释用器》解释道：“锸，插也，插地起土也。”其实就是一种铁锹，锸上插柄，以便手执，是战国至秦汉时期常用的一种农具，多用来翻挖土地、兴修水利。端详着它，我们完全可以想见先民当年“举锸如云，决渠为雨”的宏大场面。不像箕是竹质，容易氧化腐败，锸为铁制品，顶多锈蚀而不会彻底归于乌有，所以留存至今者颇多。成都反乡路下水道出土过一个铁锸，其上铸有“蜀郡”二字，为“凹”形銎口，底边扁薄微弧并出翼形刃口，背面铸平，正面隆起，两面中空成槽以装木柄。在成都博物馆举办的“天府之国与丝绸之路特展”上，有几件南方丝绸之路沿线出土的东汉铁锸，均有“蜀郡”“成都”等铭文。千万别小看了这些铁锸，它们的发现，对于研究成都平原铁器向西南地区的传播及南方丝绸之路的大致路径可是具有不凡意义的。

备注：

① 如广汉三星堆遗址出土之舀酒的陶勺。

② 即纯铜，又名紫铜，就是铜单质，因其颜色为紫红色而得名。

③ 关中平原西缘宝鸡竹园沟墓地的爵上也有此三字铭文，书写风格完全一致。

④ 约公元前3000年左右。

⑤ 在浙江省余姚县河姆渡村新石器时代遗址的第一次发掘中出土了一件漆碗，说明我国距今约六千多年前就有了漆器工艺。

⑥ 即竹箱，用于盛装食品、丝织物、草药等。

⑦ 束发为髻而无冠饰，衣襟在左而袒露右胸。

⑧ 四川话谓之“扫把”。

古代成都的大工匠及其代表作品

考工记：“匠”“匠人”“工匠”

除了“江山之秀、罗锦之丽、管弦歌舞之多”，古代成都还有“百伎千工”之富。千工，跟“多工”“百工”一样，其实也是夸张的说法，也是在极言分工之细及工匠之夥。

匠字从匚[①]从斤[②]，匚里放着斧斤等工具，表示从事木工。所以，“匠”最开始指的是木工，后来引申为百工之称，“能斫削柱梁谓之木匠，能穿凿穴埳谓之土匠，能雕琢文书谓之史匠”，不一而足。谈起古代的匠，总让人想起《庄子》里那位单名一个“石”字的木匠：“郢人垩慢其鼻端，若蝇翼，使匠石斫之。匠石运斤成风，听而斫之，尽垩而鼻不伤，郢人立不失容。宋元君闻之，召匠石曰：‘尝试为寡人为之。’匠石曰：‘臣则尝能斫之。虽然，臣之质死久矣。’”酒逢知己饮，诗向会人吟，失去了黄金搭档，也就不想再施展绝技了。这才是大匠风范！不过那个搭档也挺厉害，斧刃与鼻尖只隔着一层薄薄的白土，他却听任斧头带着呼呼的风声砍去白土，而身子仍兀自站在那里纹丝不动、面色不改。

百工之中，有营建都城及其水利设施的，被《考工记》称之为“匠人”。“匠人建国”，“匠人营国”，“匠人为沟洫”，他们负责了整个城市及相关配套设施的规划与建设。在这个意义上说，修建成都城的秦国官员也算是匠人了。《华阳国志》记载：周“赧王四年，惠王二十七年，仪与若城成都，周回十二里，高七丈；郫城周回七里，高六丈；临邛城周回六里，高五丈。造作下仓，上皆有屋，而置观楼射兰。成都县本治赤里街，若徙置少城内。营广府舍，置盐、铁、市官并长丞；修整里阓，市张列肆，与咸阳同制。其筑城取土，去城十里，因以养鱼，今万岁池是也。城北又有龙坝池，城东有千秋池，城西有柳池，西北有天井池，津流径通，冬夏不竭，其园囿因之。”“与咸阳同制”之前的部分正是建国营国，之后的部分正是为沟洫。“建国”“营国”的“国”是城的意思，《说文通训定声》云：“国者，郊内之都也。”沟洫即河渠、水道，左思《蜀都赋》就曾用“沟洫脉散”形容成都平原上纵横交错的河沟水渠。

工与匠，战国前已有连称为“工匠”者。《管子》曰：“主好宫室，则工匠巧。”为君主修宫室，显然光有斫削柱梁之木匠和穿凿穴埳之土匠是远远不够的，还需要诸多工种的协同配合。就拿宫室中的漆器来说，其生产工匠，按工种分，便有“素工”“髹工”“上工”“铜耳黄涂工”“铜釦黄涂工”“画工”“丹工”“清工”“造工”之类。“素工”是与制作木胎有关的工匠。“髹工”就是涂漆工。“上工”意同“漆工”，也是涂漆工，与“髹工”的差别是，“髹工”可能是初步涂漆，或者说是髹底漆，涂层较少；而“漆工”则是在“髹”的基础上再涂漆，或者说是涂面漆，涂层较多。“铜耳黄涂工”即是对杯的铜耳进行鎏金的工序，而“铜釦黄涂工”即是对盘等的铜釦进行鎏金的工序，二者鎏金的部位不同，工序性质是一致的。“画工”就是绘纹之工。“丹工”就是涂丹漆之工。“清工”与“黄涂工”关系密切，可能是清理黄涂多余部分的工序。“造工”则负责最后收尾，完成一件漆器制作的最后生产环节，大概具体负责打磨、刻写铭文及清洗等项工作。

“匠”“匠人”“工匠”之别，已如上述。在很多语境之内，三者又是同义词。下面所讲成都古代佚名或著名的匠人，故尔也可称之为大匠、巨匠、大工匠。

金石录：青铜神树、太阳神鸟金箔、战国石犀、东汉石人

“西南黑水之间，有都广之野，后稷葬焉。其城方三百里，盖天地之中，素女所出也。爰有膏菽、膏稻、膏黍、膏稷，百谷自生，冬夏播琴。鸾鸟自歌，凤鸟自儛，灵寿实华，草木所聚。爰有百兽，相群爰处。此草也，冬夏不死。”此段乐园式的生动描述，出自神秘与真实并存的古籍《山海经》。都广之野，就是先秦的沃野——成都平原。这些草木之中，当数“建木”最为高大，相传为众神往返天地之间的自然“天梯”，诚如《淮南子》所云：“建木在都广，众帝所自上下。”除《山海经》《淮南子》之外，《吕氏春秋》等书也有

对建木的记叙，可见其来有自，并非无本之木。

1986年，四川广汉三星堆古蜀遗址二号祭祀坑出土了一件商代晚期器物——青铜神树，后被列为国家文物局公布的首批64件禁止出国（境）展览文物之一。这铜树最上端的部件已经缺失，估计完整高度应该在5米左右，如今残高396厘米，含底座、树身、龙三部分。树的下部有一个圆形底座，三道如同根状的斜撑扶持着树干的底部。树干笔直，套有三层树枝，每一层三根枝条，全树共有九根树枝。所有的树枝都柔和下垂。枝条的中部伸出短枝，短枝上有镂空花纹的小圆圈和花蕾，花蕾上各有一只昂首翘尾的小鸟；枝头有包裹在一长一短两个镂空树叶内的尖桃形果实。在每层三根枝条中，都有一根分出两条长枝。在树干的一侧有四个横向的短梁，将一条身体倒垂的龙固定在树干上。底座圈上三个拱形足如同树根，主干上三层树枝，均弯曲下垂，树枝尖端有花朵果实，其上均有立鸟，全树共九只鸟。主干侧有一身似绳索的残龙，缘木而下。此树一经曝光，关于它的原型，可谓众说纷纭、莫衷一是。从地望上来推测，是“建木”的可能性更大些。整株神树造型奇美，布局严谨，浑然一体，应由三星堆工匠采用当时最先进的工艺精心铸造而成，属于古蜀国之祭祀重器。

神树上的鸟，应该就是《山海经》里每天载日出行的太阳神鸟，它们的抽象之形见2001年出土于成都金沙遗址的一张商代晚期金箔，人称“太阳神鸟金箔”或“四鸟绕日金饰”，2005年8月16日起正式成为“中国文化遗产”标志。整个金箔呈一圆环形状，金饰上有复杂的镂空图案，分内外两层，内层为周围等距分布的12条旋转齿状光芒；外层图案围绕着内层图案，由4只相同的逆时针飞行的鸟组成。它们首足前后相接，朝同一方向飞行，与内层旋涡旋转方向相反。有研究认为，其外层4鸟代表四鸟载日，也代表春夏秋冬四季轮回，内层12道芒纹代表一年十二个月周而复始。这是古蜀人崇拜太阳的物证，他们当时也许已经掌握了岁、月、时的概念以及形成的原因。对其进行成分分析得知，其含金量高达94.2%。该金箔原本可能是镶嵌在红色漆器上的一件装饰品，也是古蜀人祭祀用的神器。

打造铜树和金箔的这些工匠虽然没有留下“匠石”之类的名字，神树也未必铁定就是“建木”，金箔图案的真意也未必铁定就是“四鸟绕日”或四季十二月，但这些独树一帜、举世无双的金属作品明晃晃摆在世人面前，已足以代表和彰显古蜀先民崇高而不苟的工匠精神。

蜀守李冰跟蜀王鳖灵一样，虽也是外乡人，但至蜀之后，也继承了敬业不苟的古蜀工匠精神，用以治蜀兴蜀。从某种角度上说，李冰就是先秦时代的大国巨匠。

“匠人为沟洫”，而“蜀郡李冰凿离堆，通二江”，又“壅江作堋，穿郫江、捡江，别支流双过郡下，以行舟船；岷山多梓、柏、大竹，颓随水流，坐致材木，功省用饶；又溉灌三郡，开稻田。”不啻此也，他还“作石犀五头以厌水精；穿石犀溪于江南，……乃自湔堰上分穿羊摩江，灌江西。于玉女房下白沙邮作三石人，立三水中，与江神要：‘水竭不至足，盛不没肩。’”

李冰凿离堆，“乃积薪烧之”：先积薪烧崖，然后泼水其上，山石炸裂，再用金属工具开凿岩体；这些金属工具极有可能就包括蜀匠用蜀铁锻造的蜀式铁器，如铁锸之类。李冰壅江作堋，采取的是古蜀工匠的“竹笼络石”技术：先伐竹破竹，编成直径三尺、长十丈的镂空圆笼，然后在中间填满大小卵石，累积于岸边以壅堵减缓江水的滚滚冲击；后来的王延世塞黄河，卢翊维修都江堰，也沿用此法，颇为奏效。五石犀、三石人的雕凿，也是在承袭古蜀石匠的传统工艺。

据扬雄《蜀王本纪》的记载，五石犀中两头就放在蜀郡郡守府中，成都博物馆展陈的那头萌萌的圆雕石犀说不定就是这二者之一。它2013年出土于成都天府广场东侧工地，长3.3米，宽1.2米，高1.7米，重约8.5吨，作站立状，躯干丰满壮实，四肢粗短，下颌及前肢躯干部雕刻着卷云纹。秦国蜀郡郡守府就位于今天府广场一带，而扬雄又是离战国不太遥远的西汉成都人，应该是有所目睹耳闻后才形诸笔墨的。所以，这头石犀极有可能就是李冰治水时所作，具有极高的工艺价值；即便不是李冰所作，让我们于千载之下还能近距离地欣赏蜀国工匠的圆雕技艺，也是非常难得而美好的。

三石人就没那么幸运了，只有东汉时的仿品被江底沉沙保存了下来。1974年3月3日，在灌县外江三号桥基河床下意外挖出了一座石像，高2.9米，肩宽0.96米，厚0.46米，重约4.5吨。其衣襟中间和左右袍袖上均有隶书铭文，可隶定为“故蜀郡李府君讳冰”与“建宁元年闰月戊申朔廿五日都水掾尹龙长陈壹造三神石人珎水万世焉”两句。“府君”是东汉人对一郡之守的尊称，李冰乃战国蜀郡太守，故称“李府君”；“都水掾”又称“平水掾”，乃仅次于中央水利职官的郡国水利职官。1975年1月18日，在距李冰石像出土处37米的地点出土了一尊较小的无头持锸石人，后或称“堰工石像”。2005年3月3日，外江索桥施工时，又一尊无头石人像现身了。此时距离李冰石像出土，不多不少，不早不晚，刚巧30年。难道它也是“三神石人”之一？大家还没激动两天，同月5日，索桥1号桥墩附近又发现了一尊无头石人像。更没想到过了九年，2014年4月24日，挖掘机在外江闸第7、8孔下侧减力池内作业之际，又发现了一尊无头石人像。1974至2014四十年之间，都江堰渠首相隔不足百米的范围内，分四次共出土了五尊石人，其服饰风格都是典型的汉代“深衣”，且雕凿手法也均为汉代圆雕，其中一尊因有铭文可确定为李冰之神像（也因此，可以断定包括它在内的五尊均非李冰生前所刻），其余四尊皆无头无铭文，无法彻底辨明而后纳入东汉所造“三神石人”之列。不过从这些东汉石人的身上，我们还是可以依稀推测出李冰所作三石人的形象：它们的规模也许更为庞然，气象也许更为拙朴，其总体风格大概和那头天府石犀比较接近吧。

“北江堋”[③]的修建，石犀石人的雕凿，虽然均被历代史家系于李冰名下，实际上乃是他和他的工匠团队的集体作品。《成都古今集记》“李冰使其子二郎作三石人以镇湔江、五石犀以厌水怪”，所谓二郎也不过是那些匠人的具化形象而已。“都水掾尹龙长、陈壹造三神石人”亦然，包括李冰神像在内的东汉三神石人的具体雕作者，不劳揣测，也知是尹、陈二位“都水掾”的下属（或雇佣）石匠。

草木篇：开明篁席漆床、孔明木牛流马

成都平原及其周边区域自古就盛产各种动物、植物、

矿物[④]，工匠们可以就地取材，“近取诸身，远取诸物”，于是有了三星堆青铜神树、金沙太阳神鸟金箔、战国石犀、东汉石人等等绝世之作。除此之外，工匠们还使用各种石斧、石刀等工具砍取植物的草叶枝条略加炙烤、削制而后编成篮、筐等器皿，例如前文涉及的“匚”。在实践中，匠人们发现竹子干脆利落，开裂性强，富有弹性和韧性，而且能编易织，坚固耐用。于是，竹子一时便成了器皿编制的主要材料。

成都博物馆展览的那张“竹席”，可视为成都古代竹制品的杰出代表。该席长约2米，宽约0.9米，保存较为完整。短边一侧炭化，深浅相间的色彩系下葬时折叠后再放入棺内而形成。编织方法为人字形交叉法。其可能是用在床榻上的。此席与同个展区陈列的那架“漆床”同出于成都商业街船棺葬，时代为战国，乃开明王朝皇室所用者。《礼记》有“君以簟席，大夫以蒲席”的制度，此“竹席”若换用古称而言，也该标识为“簟席”才算名实相副。

如果说古蜀物产决定了开明簟席漆床的诞生与形制，那么孔明木牛流马就是古蜀地势的产物。蜀道之难，难于上青天。长期以来，蜀地不与秦塞通人烟。后来稍稍改善，也只是天梯石栈相钩连。走在栈道之间，“上有六龙回日之高标，下有冲波逆折之回川。黄鹤之飞尚不得过，猿猱欲度愁攀援。青泥何盘盘，百步九折萦岩峦。扪参历井仰胁息，以手抚膺坐长叹”。略有不慎，就会粉身碎骨。若要驮运货物安全自如地通过狭窄高危的栈道，非别出心裁不可，于是“木牛流马”就在著名工匠诸葛亮的手底下应运而生了。诚如《事物纪原》所指出的：“蜀相诸葛亮之出征，始造木牛流马以运饷，盖巴蜀道阻，便于登陟故耳。”

然而，“木牛流马”具体是个啥样子呢？裴松之注《三国志》时引过一大段“作木牛流马法”，收录于当时的《诸葛亮集》之中。后来《三国演义》在此基础上踵其事而增华，把这种运输工具夸得玄之又玄、神乎其神：木牛流马皆不饮食，可以昼夜自动转运不绝，搬运粮米甚为便利。倒是宋人有疑古精神，总将“木牛流马”与现实里的寻常物件相挂钩。或云：“蜀中有小车，独推，载八石，前如牛头；又有大车，用四人推，载十石，盖木牛流马也。”或云：“木牛即今小车之有前辕者，流马即今独推者是，而民间谓之江州车子。”这种独推车，川西一带普遍叫作“鸡公车”。老成都李劼人曾在小说内描写辛亥革命前后、驷马桥至天回镇的那段川陕大道：“路是如此平坦，但不知从什么时代起，用四匹马拉的高车，竟在四川全境绝了迹，到现在只遗留下一种二把手从后面推着走的独轮小车。”此即“鸡公车”，亦可唤作“二把手”。

不过问题来了，《诸葛亮集》所录“作木牛流马法”相当繁复，与独轮车的形制绝不相类，而独轮车汉时即已大量出现，不会晚到三国之际才被发明出来，驷马桥附近的羊子山二号汉墓出土过一块“骈车画像砖”，其右下角即有人推独轮小车之形象。

史上名副其实的“木牛流马”究竟如何奇妙，它与“鸡公车”到底有无瓜葛，恐怕一时半会儿是难以厘清的。但在成都，确实是有不少工匠行为跟诸葛亮密切相关。比如新津县，有诸葛亮曾在那里建炉炼铁的传闻；另外，书本上还有诸葛亮在“成都作匕首五百枚，以给骑士”的说法。在成都造匕首，其实是有特殊工艺考虑的。诸葛亮麾下的兵器工匠蒲元曾命人于成都取江水以淬刀，他认为“汉水钝弱，不任淬用。蜀江爽烈，是谓大金之元精”，将已锻好的刀坯烧到一定温度后浸入其中急速冷却，可以很好地提高刀身的硬度、强度和耐磨性。现代科学解释认为，各个地区的水所含杂质和盐类成分是有差异的，这对淬火冷却速度有明显影响，从而会造成所淬刀剑性能不同。上述那五百枚匕首，搞不好也是蒲元的蜀江杰作哩。

备注：

① 一种盛放东西的方形器。

② 斫木之斧。

③ 东汉建安年间对都江堰的称呼。

④ 详参《四川经济日报》2017年8月23日《成都平原的先秦生态》一文。

《管锥编》中的都江堰、青城山与川菜

西晋文学家左思从未来过都江堰，在洛阳为之纸贵的《蜀都赋》中却提到了“玉垒”“金堤”，这是因为他有翔实的口头资料可以凭借。现当代学者、作家钱锺书也没来过都江堰，在蜚声中外的《管锥编》里却提到了“李冰斗江神”与《青城山录》，这是因为他有浩繁的书面资料可以依据。

在论述《太平广记》卷二九一时，钱锺书写道：“《李冰》（出《成都记》）冰化牛与江神斗。按其事始见《风俗通》，《水经注》卷三三《江水》引之。冰‘以大白练自束以辨’，又与《广记》卷一一八《程灵铣》（出《歙州图经》）、一三一《临海人》（出《续搜神记》）事类，特牛斗与蛇斗异耳。欧阳修《集古录跋尾·张龙公碑》谓撰者唐赵耕，记张、郑二人夺居龙宫，化龙相斗，以绛绡、青绡为辨，苏轼《张龙公祠记》一称《昭灵侯庙碑》转述之，刘斧《青琐高议》后集卷九《梦龙传》又以为宋曹钧事；亦踵李冰之传说者。”

在论述《太平广记》卷四八六时，钱锺书写道："《长恨传》谓'有道士自蜀来'，白居易《长恨歌》谓'临邛道士鸿都客'；据董逌《广川画跋》卷一《书马嵬图》云：'予在蜀时，见《青城山录》，记当时事甚详。……'《青城山录》余未得见，而《广记》卷二〇《杨通幽》（出《仙传拾遗》）：'本名什伍，广汉什邡人'一则，与董氏所引全合而加详，必自阿堵中来，则得见《广记》斯可矣。……陈《传》、白《歌》皆有七夕感牛女而誓愿世世为夫妇事，《杨通幽》一则所无，想《青城山录》当亦阙如。"

这两则考证文字对都江堰文化与青城山文化的研究大有裨益，但目前尚未引起有关人士的关注，现特意拈出以广流传。

李冰斗牛或犀的传说始见于东汉应劭所著《风俗通义》一书，这个事实早经钱先生指出来了。《风俗通》专载民间风俗，其资料来源或据实地考察、采访所得，或转录于前籍，对后世小说的创作有很普遍的影响，从《张龙公碑》到《太平广记》，从《张龙公祠记》到《梦龙传》，只是较为显著的例子而已。钱先生由文学比较的角度审读了李冰斗江神的传说，令人耳目一新。

北宋人董逌在蜀中看到的《青城山录》应是古代有关青城山较早的论著之一，以博闻强记扬名的钱先生都未能目睹，或许因为该书已失传了吧。钱先生根据《仙传拾遗》所载《杨通幽》故事推测了《青城山录》关于唐玄宗与杨贵妃的爱情传奇，虽是假想，还是非常理性的，研讨青城山文化的学者完全可以酌情参稽。

除了都江堰、青城山的文化，《管锥编》对遐迩闻名的川菜文化也有所阐述。在论说《全汉文》卷五一时，钱锺书有一段审慎而抒情的文字：“扬赋‘甘甜之和’，可参观《全三国文》卷六魏文帝《诏群臣》：‘新城孟太守道：蜀猪豚鸡鹜味皆淡，故蜀人作食，喜着饴蜜，以助味也。’颇征蜀庖在汉不同今时之尚辛辣。袁文《瓮牖闲评》卷六载苏轼两帖皆自言‘嗜甘’好食蜜（参观卷五说苏诗：‘想见冰盘中，石蜜与糖霜’）；陆游《老学庵笔记》卷七记僧仲殊肴馔中皆有蜜，诸客不能下筯，惟苏轼嗜蜜，得与共食。轼之‘嗜甘’，岂一人之偏好耶？抑蜀庖入宋仍尚‘甘甜之和’，故轼习于乡味而不改也？元赵汸《东山先生存稿》卷三《〈潜溪后集〉序》记虞集尝以浙庖、蜀庖喻文，称蜀庖为‘粗块大脔，浓酰厚酱’；则似已变‘味淡’之古风，渐类今日之蜀庖。张岱《琅嬛文集》卷一《〈老饕集〉序》：‘今之大官法膳，纯用糖霜，乱其正味’；是明之御庖又同汉之蜀庖。吴烹亦好‘甘甜之和’，吴慈鹤《凤巢山樵求是二録》卷二《金衢花猪，盐渍其蹄，吴庖和蜜煮之》七古所咏，即其一例。吾邑尤甚，忆儿时筵席盛馔有‘蜜汁火腿’、‘冰糖肘子’，今已浑忘作何味，去乡四十余年，并久不闻此名色矣。”

“扬赋”即西汉扬雄《蜀都赋》，扬氏的故乡即今成都郫都区。曹丕《诏群臣》“蜀人作食，喜着饴蜜”之后，只过了一百多年，崇州籍东晋史学家常璩在《华阳国志·蜀志》里却记载：“蜀之为国，……其辰值未，故尚滋味；德在少昊，故好辛香。”蜀位于西南方，八方配十二辰，西南方为未、申、酉，《史记·律书》“未者，言万物皆成，有滋味也”，故云“尚滋味”；西方配四时，西南属秋，《礼记·月令》三秋之月“其日庚辛，其帝少皞，……其味辛”，故云“好辛香”。

扬、常二人都生于成都平原，一说甘甜，一说辛香，各道出川菜“滋味”或味型之一边。宋之蜀人苏轼虽然嗜甘，想来应该也能吃辛香之食物吧。

代后记

从“斗犀”到“伏龙”

——论地方文化研究与文学赏读之关系

作协请我讲讲“地方文化研究的意义”，我觉得讲意义有点虚，容易流于枯燥，变成空谈，所以经过深思熟虑，改成了如今这个主题——“地方文化研究对文学赏读的重要性”，这样一来，既跟文学有了更多更近的联系，也可以涉及地方文化研究的意义这个层面。换而言之，地方文化研究的意义（抑或干脆说是作用，亦无不可）之一，就是有利于文学的赏读；我们通过研究地方文化，可以更加有效、更加准确地阅读、领会相关文学作品的内涵。

在进入正题之前，我们先来解释一下“地方文化”和“文学赏读”这两个概念的大意。

地方文化又称“地域文化”，是与特定区域相联系的文化。一般来说，其范围有限，并可能与整个社会的主流文化不同，或者扮演着主流文化分支的角色。我们以前提出的“巴蜀文化”，现在倡导的“天府文化”，其实都是地方文化，与其相联系的特定区域就是广义的四川。无论是“巴蜀文化”还是“天府文化”，均为“中华文化”的分支。

文学赏读，比较容易理解，顾名思义，就是对文学作品（比较学术的说法就是“文学文本”）进行阅读和赏析，赏析之中可以包括评介和批判。

研究地方文化，赏读文学作品，看似风马牛不相及，实则相辅相成，甚至可以说是不可分割，你中有我，我中有你。

要研究地方文化，首先要阅读相关的文学作品。也就是说，赏读文学作品，是研究地方文化的前提之一。文学作品来源于生活，又表现生活，除开夸张和虚构，文学作品也能真实地呈现一个地方的各种文化。可以这样说，文学作品就是地方文化的载体或结晶。比如汉代扬雄的《蜀都赋》，唐代李白的《蜀道难》，都是“巴蜀文化”这一地方文化的优秀载体。我们今天要全面研究汉唐四川的文化乃至古蜀国的文化，便离不开对这些文学作品的解读领会。

举《蜀道难》中的几句为例：“蚕丛及鱼凫，开国何茫然！尔来四万八千岁，不与秦塞通人烟。西当太白有鸟道，可以横绝峨嵋巅。地崩山摧壮士死，然后天梯石栈方钩连。”这简单、夸张而奇美的几句，艺术地浓缩了古蜀悠久的历史、瑰异的传说与险要的地貌。

要读懂这几句，又须借助于《华阳国志》等地方文献。看《华阳国志》可知，整个先秦蜀王的历史由蚕丛、柏灌、鱼凫、杜宇、开明五个王朝前后相续而组成，五代而终。为蜀开国、率先称王的是蚕丛，紧接着是柏灌王、鱼凫王，此三代史料不详，离唐朝又非常遥远，所以李白有“茫然”之叹。

“蚕丛及鱼凫”，就是从第一代到第三代，乃是蜀族发祥、迁徙，逐步挺进成都平原之际，那时相对保守而闭塞，少和外界往来，正所谓“不与秦塞通人烟”，“四万八千岁”只是形容其时间很漫长而已，不能看作实数。“西当太白有鸟道，可以横绝峨嵋巅。”暗示的是第四代蜀王杜宇的疆域超前，已抵达太白山（又名太乙山，在今陕西省眉县、太白县一带）、峨眉山一带，这与西晋左思《蜀都赋》的描述基本一致：“抗峨眉之重阻。”顺便说说，抗峨眉之重阻的前一句是“带二江之双流”，今成都双流区便由此而得名。至于“地崩山摧壮士死，然后天梯石栈方钩连”，则为蜀国最后一个王朝——开明王朝的传说。公元前346年，蜀王派使者出使秦国。因为秦王屡次送美女给蜀王，蜀王很感动，所以遣使访问秦国。秦王知道蜀王好色，便许诺再送给蜀王五个美女，蜀王立马就派五个壮士（原文是“五丁”）前去迎接。走到梓潼（今绵阳市梓潼县）时，看见一条大蛇钻入山洞中，其中一名壮士快步上前抓住蛇尾往外拽，但是怎么使劲也拉不动，于是五人齐上，大喊着拽蛇，不料山体崩塌，蜀国的五个壮士和秦国的五个美女及其随从都一起被压死了。山摧，地崩，然后用石料木材修筑栈道，使其千里钩连，最终才能打通秦蜀之间的天堑。公元前316年，秦军便通过这难如天梯的蜀道攻入成都平原，杀死了开明十二世，一举灭掉了蜀国。

如果我们不研读《华阳国志》之类的地方文化文本，不了解这些历史和传说，便看不懂《蜀道难》，李白渊博凝练的功夫，遣词造句的美妙，也就无从体会。反过来，读懂《蜀道难》等作品，又为地方文化研究提供了文学上的证据。

地方文化，不仅可以通过一个地方的史学文本（如《华阳国志》）、辅以文学文本（如《蜀道难》）来研究，还可凭借一个地方的出土文物来考察、来旁证。史学文本的真实性和文学文本的生活来源（比如文学形象的原型），往往可以由文物加以确定。

举扬雄《蜀都赋》里塑造的一个文学形象——“水螭”为例。螭字偏旁为“虫”，可见是一种动物。有人说“龙子为螭”，有人说螭是“雌龙”，有人说“螭若龙而黄”，有人说龙“无角曰螭”。不管怎么解释，反正是一种龙就对了。在南宋，另有一种说法很有意思，它将水螭和李冰钩连了起来：“水螭，水中怪兽。蜀守李冰尝沈石犀以御水怪。”同时期，还有“李太守疏江驱龙”“锁孽龙于离堆之下”等说，直接等水怪于龙。综上，水螭就是一种龙形水怪。

其实早在唐代，就有“李冰为蜀郡守，有蛟岁暴，漂垫相望。冰乃入水戮蛟，已为牛形。江神龙跃……”“作石犀五，以压毒蛟”“李冰为守，始凿二江以导舟楫，决渠以张地利，斩蛟以绝水害”及——“蜀守父子擒健鼍囚于离（上‘山’下‘隼’）之趾，谓之伏龙潭。后，立观于其上”之类的说法。江神，毒蛟，水怪，“伏龙观”的龙或健鼍、水螭，其实都不过是具象化的岷江罢了。

有趣的是，在东汉，这个江神却是牛的形象。当时有这样一个故事：秦昭王使李冰为蜀守，开成都两江，溉田万顷。江神岁取童女二人为妇，冰以其女与神为婚，径至神祠，劝神酒，酒杯恒澹澹，冰厉声以责之，因忽不见。良久，有两牛斗于江岸旁，有间，冰还，流汗，谓官属曰：“吾斗大亟，当相助也。南向腰中正白者，我绶也。”主簿刺杀北面者，江神遂死。今天玉垒山上的“斗犀台”，就是依托这个传说而得名。

扬雄另有一篇史学作品，叫作《蜀王本纪》。其中一段云：“江水为害，蜀守李冰作石犀五枚——二枚在府中，一枚在市桥下，二枚在水中——以厌水精，因曰犀牛里也。”这个水精，即“水螭”，就是“江水”，也就是岷江。

我们来梳理一下，李冰雕凿石犀，是在战国之时，这是真实的历史。到了东汉，李冰被神化，就有了变身为牛勇斗江神的传说。此时的江神是牛形，大概源于现实中庞然的石犀。到了唐代，石犀早已不见踪影，江神遂成了龙形，这大概源于江水蜿蜒曲折的样子。从“斗犀”转变为“伏龙”，其实都源于李冰治水这一史实。

为什么说李冰雕凿石犀是真实的历史而不是虚构的故事呢？为什么说到了唐代这五枚石犀不见踪影了呢？容我慢慢道来。

据上引《蜀王本纪》的记载，李冰所作石犀有两枚被放在了蜀郡郡守府中，成都博物馆先秦馆展示的那头萌萌的圆雕石犀说不定就是这二者之一。它2012年末出土于成都天府广场东侧工地，长3.3米，宽1.2米，高1.7米，重约8.5吨，作站立状，躯干丰满壮实，四肢粗短，头顶、腮边、前蹄上部以及后臀处雕刻着卷云纹，背上有几十处坑洼，每个约一元硬币大小，疑似文字。专家考证蜀郡郡守府就位于今天府广场一带，而扬雄又是离战国不太遥远的西汉蜀人，应该是有所目睹耳闻后才形诸笔墨的，所以，这头石犀极有可能就是李冰治水时所作，具有极高的考古研究和艺术价值。退一万步，即便不是李冰所作，也可作为参照，让我们于悠悠千载之下比较容易想象那五枚石犀的风采。

到了唐代，成都地面上已看不到这些战国石犀了。有杜甫《石犀行》一诗为证：“君不见秦时蜀太守，刻石立作五犀牛。自古虽有厌胜法，天生江水向东流。蜀人矜夸一千载，泛滥不近张仪楼。今年灌口损户口，此事或恐为神羞。修筑隄防出众力，高拥木石当清秋。先王作法皆正道，诡怪何得参人谋。嗟尔五犀不经济，缺讹共与长川逝。但见元气常调和，自免洪涛恣凋瘵。安得壮士提天纲，再平水土犀奔茫。”五犀共与长川逝去，只是文学的表达。据《蜀王本纪》，“一枚在市桥下，二枚在水中”，要被水冲走，只可能是其中三枚。在府中的那二枚，应该因后来沉没地下而幸免于水灾。所以，有些版本的《石犀行》把“五犀”写作“三犀”。

史书、文学、文物，互相证明，互相补充，便建构起了一个地方的文化框架。研究地方文化，有时就是在研究一个地方的历史、文学、文物之类，其成果又有助于更深刻地理解该地方的历史、文学、文物。可以说这是一个不折不扣的“阐释之循环”，交互往复，最终臻于“义解圆足而免于偏枯”的境界。